別在該動腦子的時候動感情

看清親密關係的底層邏輯

楊珈珈——著

時報出版

PART 5

▼成長的目標也許是成為普通人 189

PART 1

如何找到合適的另一半

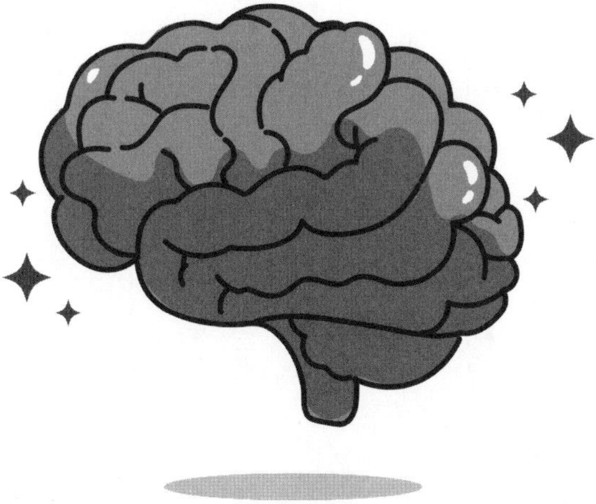

‧婚姻需要「門當戶對」

婚姻需要「門當戶對」這一觀點已被越來越多的人認可。在新的時代背景下，「門當戶對」除了指夫妻雙方的社會地位、經濟能力相當，往往還被賦予了新的內涵，比如雙方有著相似的生活習慣、興趣愛好、消費水準、成長環境，等等。那「門當戶對」的前提是什麼呢？我認爲是有自知之明。只有先正確地評估自己，才有可能找到那個「最佳伴侶」。

有個小女生曾和我分享她的故事。她本人在政府機關內工作，透過相親結識了一個男孩。這個男孩的工作不如她，即使他有獨立住房，對她也非常好，但她還是覺得不滿意。小女生說：「我就是過不了心裡的那道關卡。」過不了的那道關卡是什麼呢？是她「自以爲是」的優越感。

我給「自以爲是」加上了引號，因爲我並沒有任何攻擊或貶低的意思。我勸這個小女生清醒一點，告訴她，要想獲得一段良好的關係，我們就不能用自己的強項和對方的弱項比，更不能因爲自己擁有某個強項，就要求對方處處比自己優秀，覺得那樣才能「配得上」自己，而是要綜合考慮雙方的種種條件，適當做出取捨。

許多人大概是被「你值得擁有」之類的廣告語洗腦了，總覺得自己值得更好的、最好的，不斷地自我刺激，大腦總處在亢奮狀態，昂首闊步地向幻想中的目標前進，以至於忽略了沿路的風景，走著走著可能就錯過了那個適合自己的人。

根據我多年的經驗，我認爲，「門當戶對」對於婚姻的存續十分重要，它展現在婚姻生活的各方面。

我認識一位女孩，自小家境優渥，父母寵愛，是眞正的「十指不沾陽春水」。她就這樣一路順利長大，上了大學後愛上了班裡的「才子」。才子佳人本能成就一段如小說般的佳話，但現實的風吹雨打卻一樣也不少。「才子」家境貧寒、品學兼優，但生活往往陷入捉襟見肘的困境，性格自卑又自負。兩個小說主角一樣的人結合在一起，卻並沒有獲得小說裡那樣幸福的結局。婚前的他們不顧眾人反對，只覺得「有情飲水飽」；婚後他們被柴米油鹽的瑣碎弄得焦頭爛額，情意慢慢被消磨。妻子保持著一貫的消費水準，買包買衣，在丈夫眼裡，這是在鋪張浪費；丈夫延續優良作風，勤儉節約，卻被妻子嫌棄摳門小氣。其實，他們誰都沒錯，只是因爲成長環境有別、消費觀念不同而已。

愛是奢侈品，五斗米是必需品。「門當戶對」對一個家庭的影響有多大，只有步入婚姻的人才知道。

・愛情這麼美好，不勞而獲的機會並不多

每次網上爆出娛樂明星離婚的新聞，網民總是唏噓一片，說什麼「再也不相信愛情了」。

其實，別人（尤其是娛樂圈的明星）的婚姻並不會對你的婚姻產生多大影響。如果你知道自己要什麼，則完全不必太把別人的婚姻放在心上；如果你連自己要什麼都不清楚，就更不該操心別人的閒事。

愛情也從來不只存在於那些明星中。明星也是普通人，只是出於職業原因，他們的一舉一動都會被放大，結婚與離婚就會受到大眾關注。你只看到螢幕上的他們恩恩愛愛，卻看不到他們螢幕後的他們吵得面紅耳赤。誰都不希望家醜外揚。某些綜藝節目故意播放明星夫妻的吵架片段，但這是劇組爲收視率故意爲之，要知道，哪怕是尋常夫妻也不願意當著外人的面爭吵。對此，作爲普通人的我們必須有最基

本的判斷力。

大家不要盲目地羨慕他人，只要夠聰明，你也可以把婚姻經營得很好，千萬不要拿明星的婚姻當範本。

明星的本職工作就是把美好的一面展現給大眾，比如，很多戀愛類綜藝節目的宗旨就是給觀眾「餵糖」，男女雙方齊心協力給觀眾展現「甜蜜的愛情」，觀眾則貢獻流量和收視率，互惠互利。身為觀眾，我們一定要分清節目展現給我們的愛情和現實中的愛情。

藝術來源於生活，但也高於生活。

世界上大部分人在大部分時候都在戴著面具生活，別人展現給你的，永遠是他想讓你看到的。人生不如意事十之八九，能與人言者無二三，誰過日子都不容易，只是大家都不向他人傾訴而已，因為沒有人會感同身受，和別人訴苦，到頭來自己只會成為別人茶餘飯後的談資。人們往往各掃門前雪，不理他人瓦上霜，久而久之，說實話的人越來越少了，我們以爲眼見皆爲實，然而其實並非如此。

如何判斷一個人是否幸福？我們不應該聽他說了什麼，而是要觀察他平時的狀態。我們沒必要羨慕那些幸福的人，而是應該學習他們是如何爲人處世的。經營好自己比什麼都重要。

除了明星的愛情，多數言情小說裡的愛情也不可信。

很多女生期盼自己也能和某些言情小說中的女主角一樣，擁有完美無缺的另一半：他有錢、有「顏」、有教養、有學識，非你不娶；他帶你吃香喝辣、開闊眼界；當你遇到麻煩時，他就像超人一樣從天而降，解救你於危難中……

可就算是女媧，也捏不出這樣完美的配偶。

言情小說是承載現實中無法實現的情感的載體，是精神殿堂，可以幫助讀者抒發求而不得的情感，給讀者解壓。它本來是很美好的一種文學體裁，現在卻常常被人們當作評判現實的標準。所以不是現實出了問題，而是我們的評判標準出了問題。

我之前對比過電視劇《錦心似玉》和《贅婿》，前者的原著出自女性作者之手，後者的原著則是由男性作者撰寫。透過對比就會發現，女性作家和男性作家塑造的書中人物是完全不同的。女性作家筆觸感性、細膩，她們筆下的角色常常把愛情放在首位，爲了愛可以奮不顧身地放棄一切；男性作家筆觸理性、冷靜，他們作品中的男性角色成家的目的是更好地立業，認爲只有後方穩固才能安心拚搏，愛情對他們而言不是人生必需品，甚至在他們的人生規劃中的排名十分靠後。這種不同，也在一定程度上反映了兩性對於愛情的價值判斷存在差異。

所以，如果想看看現實中的婚姻什麼樣，還是要參考父母的婚姻。

我相信，有百分之九十的人都對自己父母的婚姻感到失望，但其實，那可能才是婚姻最眞實的樣子，是生活的眞面目。

父母人到中年，工作壓力大，對伴侶審美疲勞，兒女開始進入叛逆的青春期，自己的父母又垂垂老矣，這就是現實中的人生，沒有那麼多風花雪月，人們每天都有忙不完的事。但只要熬過那些艱難的日子，也許就能白頭偕老走完一生。

我認爲眞正的愛情，是歷經世事之後的互相扶持、不離不棄。能熬到那一步，需要扛住柴米油鹽的瑣碎，抵擋住誘惑與壓力，嚥下委屈和失望。夫妻之間不能只分享精彩時刻，還要有難同當，做彼此最可靠的肩膀。

世界上的一切東西都需要付出才能獲得，愛情這麼美好的東西，很難不勞而獲。愛情可以因爲一個回眸而降臨，可以因爲一條碎花裙、一件白襯衫而讓人心生漣漪。瞬間的美好總是輕易地降臨，它就像春天的花，夏天的雨，秋天的楓葉，冬天的陽光，但想要維持住這些美好，絕非只在朝夕。

你要付出很大的努力，才能見識到愛情最美好的樣子。年少青春時洋溢的朝氣和垂垂老矣時的暮年之氣，我們都要平心靜氣地接受。

・不將就不過是自戀過頭

很多女性會有這樣的疑問：爲什麼很多男人條件平平卻異常自信？其實他們只是喜歡誇大其詞而已。我老公爲這件事跟我理論了一番，他說：「哪個男人不吹牛？怎麼我一說話你就吐槽我誇張呢？」我曾經看過一篇文章，說有個女孩最厭惡男人吹牛，多年後她嫁爲人婦，看著老公和一群朋友聊天，才發現原來男人都喜歡「這口味」，愛吹牛也許是他們與生俱來的特性之一。

男人雖然喜歡誇大其詞，但是也很能將就，一碗麵可以吃一輩子，衣服能穿就行了。女人則相反，她們提出的看似簡單的需求，往往很難落實。

很難解釋男女之間的這種差異是如何產生的，但遇事不如少想「爲什麼會這樣」，多想想「這樣了該怎麼辦」。如果你堅持所謂的「完美主義」，就要承擔不走尋常路帶來的不尋常的艱辛。如果你渴望過普通人結婚生子的生活，就必須明白自己到底想要的是什麼。

將就不是讓你放棄自己，而是要接受他人的不完美。那些一味勸女人不要將就，要等待眞愛，或者在婚姻裡遇到一點不如意的事就必須離婚的「毒雞湯」，絕對是在向廣大女性販賣焦慮。

誰的人生都不會一帆風順，同一件事，換個角度思考，瞬間就能柳暗花明。死腦筋硬碰到底是非常愚蠢的行爲。很多打著「不將就」旗號的人錯誤地評估了自己，請捫心自問：你眞的是不將就嗎？不過是臨湖照影、自戀過頭，給自己打造了一場受盡委屈的幻夢，以爲自己是要被逼著嫁給惡員外的丫鬟。怎麼那麼多內心戲呢？

我姐曾經給我講過一個故事。女孩有一個交往了七八年的男朋友，但她總覺得自己能遇到更好的另一半，所以遲遲不能下決心和男朋友結婚。後來，她遇到一位婚戀專家，專家告訴她：錯過這一個，下一個不一定會更好！而且，不知還要再等多少年才能遇到！

女孩回家後，立刻決定和男朋友結婚。

其實，她不過是需要一個明確的結論：你很難遇到更好的了。「再等一等」的心態很要命，有這種心態的人往往不能正確地評估自己，所以也無法判斷對方是否合適自己，總擔心自己會受委屈。

其實，不是不願將就耽誤了你，而是你耽誤了自己。有很多人曾立下豪言壯語，一定要找一個和自己的靈魂匹配的另一半，這輩子絕不能湊合。可恕我直言，我們大部分人就像是大量生產的同型號的螺絲和螺母，一盒中的所有螺絲和另一盒中的所有螺母都能組在一起。普通且平凡的靈魂在馬路上一抓一大把，互相匹配的概率很大。追求靈魂匹配並沒有錯，但大可不必自視清高，認爲自己是最特別的那一個。

有人認爲，人生不應被柴米油鹽束縛，而是有很多有趣的事要做。事實上，「柴米油鹽醬醋茶」和「琴棋書畫詩酒花」並不衝突，很多人把後者的落空歸咎於前者，這是毫無道理的。試想，如果事實確實如此，那麼所有不被家庭所牽絆的人都應該精通一門技藝，因爲他們有大把時間學習，但其實他們的生活和普羅大眾並無二致。

學會正視自己吧！如果你確定自己不需要婚姻，那就堅持自己，爲生活做好萬全的準備；如果你渴望走入婚姻，那就擺正心態「下凡」，好好生活。

‧少提點擇偶標準，多想想自己何德何能

網路上曾出現這樣一種觀點：「找一個帶你去看世界的男人吧，看過雄鷹的女人不會愛上烏鴉。」可是，讓你崇拜的男人，真的樂意帶你去看世界嗎？

成年人的世界非常現實，和言情小說裡的情節截然不同，沒有那麼多人爲你鞍前馬後地開疆拓土，更沒有那麼多人會看著你成長、等待你進步。

除了知道自己找對象需求的是什麼，還要知道自己有什麼東西可以被人所需求。需求是相互的，受委屈的時候問「憑什麼」，占便宜的時候爲什麼不問問「便宜憑什麼給你占」？

有一個女孩說：「我希望可以有一個格局比我大、能力比我強、眼光比我長遠的男人，他能教我人情世故，帶我一起奔跑，爲我撐腰。」這種觀點的問題同樣在

於未能正確評估自己。綜藝節目《奇葩說》辯手傅首爾有句話說得特別對：「少提點擇偶標準，多想想自己何德何能。」著名綜藝節目主持人何炅曾經在節目裡說過一句話，大意是「如果一個人符合你所有的擇偶標準，那麼他很有可能是個騙子」。我有一個粉絲，她深愛自己的前男友，覺得他見過世面，帶她開闊了眼界。後來前男友投資失敗，欠了一屁股債，卻對外宣稱欠債的原因是給她買包。債主前來向女孩討債，她險些丟了工作。即便如此，她卻依舊執迷不悟。後來她換了男朋友，卻對對方百般挑剔，她看不到男朋友無微不至的關懷，也對男朋友每天事無鉅細的付出毫不領情。她告訴我，對方連商場裡的高檔奢侈品品牌都不認識，既不時尚也沒有男子氣概。

是否認識高奢品牌不能用來評判一個人的學識和品格。說到底，這種拜金風氣的源頭還是貪慕虛榮、不肯腳踏實地。這種人總想站在「巨人的肩膀上」看風景，可是世界上的聰明人不止你一個，誰都想走捷徑。能不能遇到真正的巨人，有沒有本事攀上「巨人的肩膀」，那就全看個人了。否則輕則登高跌重，重則一腳踩空，墜入深淵。

•從男性的擇偶需求看戀愛

一般來說，男性對個人事業的追求與奮鬥往往先於對愛情與婚姻的需求，因此男性一般沒有太多附加的擇偶條件。這樣的男性在現實中占大多數。但隨著網路的發展，我發現還有一部分男性的擇偶標準猶如空中樓閣。我認識一個男孩，他的個人條件不算差，在工作地有房有車，想找一個「工作地的本地女孩」，這是戶口條件；他還要求對方「膚白貌美，二十歲出頭」，而他已經三十多歲了。此外，他還希望「女孩有品味」——說明她應該受過良好的教育。

誰不願意追求美好的事物呢？在擇偶方面，不光是女人，男人也要有自知之明。外表美麗、靈魂有趣、家裡有地，只要占一樣，就算具備了一點吸引他人的資質。

你有房，本地的女孩可能也有。經濟條件勢均力敵的情況下，你就必須有過人之處來讓天平向你傾斜，不然當女孩需要跟你一起回老家、不能跟自己的父母過春節的時候，你該怎麼說服她呢？

如果雙方都是本地人，過春節的時候兩家人還可以聚在一起吃個熱鬧的團圓飯。當然也可以不聚在一起，比如我們當地的習俗是大年三十和初一在婆家過節、初二回娘家過節。如果女孩跟你回了你在外地的老家，她就不能自行安排過年計畫。此外，還有一個需要考慮的問題：好不容易放假，你想回家陪伴父母，而她想出去旅遊放鬆，這個時候該怎麼辦？

再說年齡。二十歲出頭的女生大學畢業後剛剛步入職場，可男方已經三十多歲了，急於成家生子。如果出於這個原因娶了女生，男方勢必要求她馬上投入家庭生活中，而生孩子將會對女性的事業和人生產生很大的影響，從懷孕、生產，到照顧孩子再到孩子上幼兒園，至少要花費四五年的時間。

我之前曾就職於某大型網路公司，那裡的工作節奏快到讓人喘不過氣來。有一次，幼兒園老師打電話告訴我，說我家孩子尿床了，需要家長將換洗的衣服送到幼兒園。我給我爸打電話，讓他去送。就接打了個幾通電話，第二天我的組長就來找我談話，對我說：「以後不要在工位上因私事打電話。如果家裡有事，可以申請休假。」這番話聽上去是在為員工著想，但如果因為這麼點小事就要請假，那媽媽們就沒有一天能安心上班了。

我在這裡再次提醒各位小女生：如果你選擇了比自己年齡大很多的男朋友，就很有可能會面對這樣的困境——你覺得自己還年輕，想再多享受幾年單身生活，而對方卻因為年齡偏大想盡快結婚，你是否願意委曲求全？

當然，很多小女生認為成熟男性自有其優勢，對方一般已經積累了一定的物質財富。但其實，年齡的增長未必一定伴隨著物質財富的增長，而且很多男性會隨著年齡的增長而提高自己的擇偶標準。

如果一個女孩受過良好的教育，那麼她在工作和婚姻市場中都具備很強的競爭力，她就有很廣闊的選擇空間。我不鼓勵女孩好高騖遠，但也不會勸她們草草嫁人，而是會提醒她們仔細衡量自己和對方的條件。

我們繼續說回前面的那個男孩，他後來向我坦白了自己想找年輕伴侶的原因：如果女方和他都是三十來歲，三十三歲生第一個孩子，那生完第二胎，他可能就要三十五歲了……

聽完這番話，我的內心是崩潰的——這是還沒有結婚就已經把對方婚後的生育任務安排得明明白白了。女生爲什麼要服從你的安排？你又能給予她什麼樣的保障呢？在我看來，這位小夥子擁有的不多想要的卻不少，能給的不多卻安排得挺好，便宜都自己占著，風險全讓別人擔著。

還有一個男孩跟我說他在追求一個女孩，但是覺得她太「小市民」了。我很想知道他口中所謂的「小市民」有哪些具體表現，便向他一探究竟。原來，他想去女孩家拜年，女孩問他是來吃個飯，還是要送點東西，如果是要送東西就不必來了，兩家相距很遠，如果要來送禮，她肯定要回禮，一來一去太過麻煩。從他的描述中可以看出女孩非常有禮貌，其實也是在婉拒男孩的追求。但誰知男孩聽了這番話後惱羞成怒，說道：「我 家什麼都不缺，你的回禮我也看不上。」在他看來，女孩的家庭條件與自己相距甚遠，他不稀罕女孩的回禮。禮尚往來這種基本禮數，在他眼裡居然成了市儈的表現。

不論男女，做人都要不卑不亢。擇偶也要從自身條件出發，擇偶標準別太天馬行空。「達則兼濟天下，窮則獨善其身」，挑剔地活著只會累人累己。

・如何做感情中的主導者

要想成爲感情裡的主導者，首先要做的就是看淡感情。很多女性面對丈夫的冷漠與忽視，或者無法在婚姻中達成自己預期目標的時候，只會一哭二鬧三聲討，結果卻什麼也改變不了。抱怨是沒有用的，唐僧管得住孫悟空可不是因爲他的嘮叨，而是因爲孫悟空頭上戴著的緊箍咒。「至親至疏夫妻」這種說法眞的很有道理，夫妻之間既要相互扶持，又要相互制約，這樣才能實現家庭和諧。

如果你足夠強勢，可以打蛇打七寸，抓住一些重要的東西不鬆手。如果你不夠強大，那就「四兩撥千斤」，以柔克剛，畢竟百煉鋼難敵繞指柔；或者多動動腦筋思考，深入地瞭解自己的另一半，畢竟「知己知彼，百戰不殆」。最不應該做的就是以愛情爲人生目標，以「最愛你的人是我，你怎麼捨得不理我」爲說辭而糾纏。

愛情脆弱且短暫，所以人類才會締結婚姻。婚姻用親情牽絆雙方，用物質綁定彼此。

很多女性婚姻不幸的根本，就在於她們過於感性、過於依賴愛情，總渴望自己能擁有完美的婚姻，期盼對方會永遠無條件地寵愛自己。

婚姻是大部分人的人生必修課。在婚姻生活中，我們用自身所長與對方所長進行資源整合，互相幫扶才能讓感情升溫，有共同經歷才能做到情比金堅。如果婚姻只靠幾句虛無縹緲的情話來維繫，等到荷爾蒙躁動的新鮮感過了之後，終將回歸平淡。

如果你結婚之後，發現眞實的婚姻和自己預想的完全不同，我建議你看開一點。有付出才有回報，如果你能用心經營自己的婚姻，相信你一定可以牢牢握住那份屬於你的勇氣，守護住屬於你自己的美好。

很多人會不由得感嘆：「婚姻好難啊！」其實人生本來就是一場修行，有經歷才會有成長。做一個有經歷、會思考的成熟的人，不要成爲一個只追求短暫快樂的、無知的人。遇到問題，能自己解決總比求別人幫忙好，能解決就比解決不了好。

・相親：把曖昧的時間用來瞭解對方

沒有對象要不要去相親？我認爲，相親既簡單又高效，不應該淪落成最不受歡迎的社交形式。

「食色，性也。」餓了就吃飯，無論是在家自己做飯，還是去自己發現的網紅餐廳，或是去父母推薦的家門口的菜館，煩惱去哪裡吃，只能說明你還「不餓」。同樣，想談戀愛就去相親吧。

在網路上，我們經常可以看到很多人分享奇葩的相親經歷。這些網友的親身經歷可能會勸退一部分想透過相親結婚的人，但其實大部分人的相親對象都是父母提前瞭解過的，已經事先摸清了對方諸如學識與家境等一些基本情況。相親只是一個認識新人的途徑，爲什麼不能給想找對象的自己一個機會呢？我們不應過度吹捧「自由戀愛」，貶低相親，事實上，它們都是通向愛情和婚姻的途徑。

還有人認爲相親是一種交易，是明碼標價地談生意，沒有自由戀愛那種不期而遇的浪漫。可是你我皆凡人，誰也不能靠一口「仙氣」活著。柴米油鹽俗，一顆自視甚高的心難道就不俗嗎？相親不過就是以結婚爲目的而談的一場戀愛，如果這都算俗氣，那不以結婚爲目的的戀愛豈不更不值得提倡？

很多人不接受相親，覺得掉價、丟臉，不靠自己找對象就代表自己沒有能力。千萬不要被這些奇怪的虛榮心束縛，過日子過的是裡子不是面子。日子是自己的，舒心最重要。

自由戀愛和相親各有利弊。相親簡化了談戀愛的過程，可以把曖昧的時間用於瞭解彼此，是一種目標明確的、爲結婚努力的方法。此外，相親並不影響體驗戀愛的感覺，雙方不是今天見面第二天就結婚，而是也可以和普通情侶一樣，一起過節，互送禮物，相處過程中並不缺少讓人臉紅心跳、嘴角上揚的時刻。因此我認爲沒有必要抗拒相親。

很多人寧願在交友軟體上四處碰運氣也不願去相親，看不上透過別人介紹認識的人。但我認爲婚姻應該求穩，畢竟我們的目的是找尋一個穩妥的人安穩地過一生。

相親流程要開誠布公。男孩們不要怕別人問東問西，照實回答問題就可以了，女孩們也不要覺得相親不浪漫。很多女生喜歡「先婚後愛」題材的言情小說，可是到了現實生活裡，只是讓她們去和相親對象見一面，她們都不能接受，這不是「葉公好龍」嗎？渴望結婚，又不採取任何實際行動，到頭來耽誤的是自己的青春。

我認爲，相親高效且浪漫，同時還保障了你的基本權益，就像開盲盒一樣，你不知道遇到的人會不會是你喜歡的，那不如嘗試一下，也許會收穫驚喜。

•適合：只會讓你越來越喜歡

如果你覺得某個人的配偶非常優秀，請不要盲目地羨慕那個人的好運。任何偶然的背後都存在必然，找出那個必然，將其作爲對自己人生的建議。如果你發現雙方的生活物質水準差異懸殊，那就要看看條件稍差的那一方是不是擁有與眾不同的優勢可以彌補缺點。

我到了適婚年齡後，發現身邊的朋友都已相繼結婚成家，同輩壓力令我非常焦慮，最終我倉促地結了婚。但我不建議你們這樣做，擇偶要慎重。可陰差陽錯的，當年那個矯情至極、要求很高的我迫於現實壓力降低擇偶標準後，反而變得目標明確了，我認識到自己就是個普通人，我需要結婚——人生中重要的一環和形式——來抵抗來自周圍親友的壓力和我自己心理上的壓力，結婚可以解決我的問題。我不需要男方給我買房、買車；我的精神世界豐盈富足，不需要他的引領與陪伴。很多人找不到合適的另一半，是因爲他們想從對方身上得到太多東西，想讓對方爲自己穩固、增厚物質基礎，填補空虛的精神世界。這種人要愛又要錢，想透過結婚實現階級躍升、人生逆襲。

你是什麼樣的人，你就會遇到什麼樣的人。如果自身優秀，那麼遇到的人也大多是優秀的。如果遇不到優秀的另一半，請想想到底是哪個環節出了問題，是自我評估過高，還是看似不高的條件其實很多人無法滿足？如果搜索引擎無法準確地理解你輸入的詞條，那麼搜索出來的結果往往會和你的預期相差甚遠。不論是以上哪種情況，都要早點認清自己，重新規劃一條適合自己的擇偶之路。

我和我老公第一次相親時約在了咖啡館。當時他問我喝什麼，我說要熱巧克力。他買了一杯，還幫我拿了根吸管。但其實喝熱飲是不需要吸管的，但他的這一舉動並沒有讓我覺得他「沒見過世面」，反而覺得這個人挺老實，而且很懂禮數。之後我詢問他關於工資、房子、車子的問題，他都沒有表現出不快，當時我就覺得，可能是因爲人家有，所以不怕被人問，也不會覺得別人貪圖的是他的物質條件。

他不抽菸、不喝酒，沒有不良嗜好，即便他當時的樣貌、體重和身高完全不符合我的擇偶要求，但是我並沒有拒絕和他交往。我的父母也覺得這個小夥子挺好，也算是認可了他。

總有人問我，適合是不是比喜歡重要？我覺得適合會讓你越來越喜歡對方，反之，如果喜歡卻不適合，你會越來越難受。可以這樣想像：你買了一個十分昂貴的包，卻發現自己既沒有合適的衣服和鞋子與之搭配，也沒有使用這個包的場合，你不願背它出去擠公車，怕弄髒了，又不甘心它在家閒置，這時你一定會後悔花這麼多錢買了這個包。但如果你買了一個很有設計感的帆布包，容量大又輕便，可以裝進生活中所有的瑣碎物品，又耐髒、不怕水，搭配白T恤和牛仔褲，讓你整個人看上去俐落且陽光，這時你一定會覺得這個包物有所值。如果沒有能力擁有喜歡的，不如珍惜眼前擁有的。

‧催婚：不矯情的人生更順利

有人一聽到父母催婚，就覺得自己在父母的眼裡一文不值：你這輩子沒有太大出息，要是再不結婚，庸碌一生連個家都沒有就太可憐了。其實父母催你結婚，不過是希望有個人能陪你走完剩下的人生路，可以在你失意時拉你一把，在你忙得不可開交時幫你一下。

一個人的眼界和力量畢竟有限。如果你在生活中沒有機會遇到合適的人，父母、親戚、同事、朋友給你介紹對象，這或許是你這一生中爲數不多的可以動用所有人脈的事情了。因此，我們大可不必拒絕這些積極主動的親友的幫助。當然，這一切的前提是你想結婚。

如果你不滿意親友給你介紹的相親對象，也不要自我貶低，認爲自己在親友眼裡不夠優秀。其實，他們只是在盡力幫你尋找和你的條件相似的人。千萬不要看到

「條件相似」就又覺得委屈了，在人生道路中，「不矯情」可比「不將就」有用得多。

我曾經去過天津的相親聖地中心公園，那裡很多相親的女生的條件都非常優秀，學歷高，工作好，而且很年輕，年齡在二十歲到三十歲不等。反觀相親的男性，年齡普遍在三十歲以上，還有的人離異或喪偶（我只是向大家描述現實情況，沒有任何貶低的意味）。

我身邊的男性朋友或同學，很多在二十六、七歲的時候就已經結婚成家。所以，我奉勸各位女性，千萬不要天天幻想著會有白馬王子來拯救你，白馬王子大多已經「英年早婚」，沒有工夫來拯救你。

找對象這件事，有時候和在商業合作中向乙方提需求是一樣的，要求越少路越好走，要求越多可能麻煩越多。從裡到外，從身高、體重到學歷、工作，再到房、車、聘金，都設定了條件，這不是在找對象，而是畫地爲牢。

當然，我們也不能對另一半沒有任何要求，不論何時都不能太極端。女孩們可以心存浪漫，但絕對不能盲目幻想，對自己、他人一定要有清晰的認知和準確的判斷。那些被童話故事洗腦，一心等待被王子拯救的「灰姑娘」，先想想這世界上到底有沒有仙女、神仙教母，想清楚了再期待水晶鞋吧。

•人品：找對象最重要的條件

如果一個人存在人格缺陷，那麼他的愛很有可能會表現爲近乎變態的占有欲，這一點不分男女。除了那些性格極度扭曲、疑神疑鬼、極度自卑、有暴力傾向、有很強控制欲的人以外，還有兩種人要愼重選擇。

一種是遇到任何問題都覺得自己沒有錯的人。這種人的口頭禪通常是「你錯了」，他們只看得見別人的錯誤，認爲自己永遠是對的，從不反省自身、換位思考。這樣的心態不僅會讓他們在人生路上走得非常辛苦，還會拖累他們周圍的人，因爲不論遇到什麼事，他們都會覺得自己是受害者。這種人在工作或生活中遇到問題只會怨天尤人，充滿負能量，經常覺得自己受了委屈，心理極度不平衡，甚至可能通過占便宜來彌補這種不平衡。他們會把自己的生活過得非常辛苦。

從這種人身上，你會深刻地意識到「吃虧是福」。不斤斤計較的人其實不是不和別人計較，而是不和自己計較，否則就算占盡了便宜，仍然無法塡滿內心的空洞。

往大了說，這種人薄情寡義，不能與他人同甘共苦。與這樣的人共同生活，他會覺得你遇上的任何事都是你活該，和他沒有任何關係。有女人自己在家帶兩個孩子，老公不但不幫忙，還在她腰疼時說「你活該」。有的女人嫌棄老公掙得少，她認爲自己是下嫁，太不划算了，遂產生離婚的想法。

上面兩種情況都讓人看到了人性最眞實的一面。在感情裡遇到不合適的人要及時止損，但如果只是出於上面這些原因，這和一個男人有錢了就拋妻棄子有什麼區別呢？結爲夫妻就要同甘共苦，就像電視劇《知否知否應是綠肥紅瘦》裡說的，「一家人總是要互相虧欠的」。成年人要有契約精神，要爲自己的選擇負責。

秉持著「你過得不好是你的錯，我過得不好也是你的錯」的人永遠不會反思，更不會主動尋求改變。

另一種是總在幻想著一夜暴富的人。

人可以沒有掙錢的能力，但千萬不能游手好閒。好吃懶做是人的天性，但如果你發現另一半試圖靠投機取巧發家，那你就得好好琢磨琢磨跟這樣的人在一起是否會有未來。

如果你的另一半嗜賭如命，那你一定要及時止損，盡快結束這段關係。在當今時代，很多行業都存在一夜暴富的可能，許多人迷失其中。一個最好的例子就是短影音行業，很多人成爲短影音平台的用戶，妄想一夜暴富。如果你的另一半也每天抱有這樣不切實際的幻想，請你一定要讓他盡快清醒過來。很多用戶並沒有網上炒作得那麼能賺錢、賺錢賺得那麼簡單，有時運氣占據了主導地位，大部分人就是掙著一份比工薪階層稍高一點卻不穩定的薪水，那些動輒月入百萬或者年入百萬的人其實只佔很小的一部分。

不要總覺得有平台就一定有機會，只有腳踏實地才是最靠譜的。如果有機會一夜成名，也一定要保持平和的心態。

‧聘金：精緻的利己主義者人窮心也貧

不知從什麼時候開始，只要一提到聘金，就會引起廣大男性的一片罵聲。他們覺得要聘金的父母就是在賣女兒，要聘金的女人就是「扶弟魔」，要聘金是男女不平等的表現。

這種想法簡直是不可理喻。

我承認，有些地方的聘金金額確實非常高，而且這些地方的聘金本身也不是用作小兩口的家庭經費，而是由女方父母把持。天價聘金也好，重男輕女也罷，這樣的現象往往出現在經濟欠發達地區，由於這些地區發展較爲落後，男性作爲主要勞動力享有更高的社會地位。在這些地區，婚姻更像是一樁交易。在大部分地區，聘金其實是放在小兩口手裡的，男方出聘金，女方出嫁妝，雙方共同付出，組建一個幸福的家。這份聘金是每位父母對新婚小夫妻的祝福。

明明是很美好的一份禮物，現在竟被極度扭曲。

還有人說，既然男女平等，爲什麼要求男人買房？

男人當然可以不買房——只要女方同意。反之，如果女方願意買房讓你住也可以，這一點你們完全可以一起商量。只是「爲什麼要求男人買房」這句話一說出口，其實就已經無關物質，這句話只能展現你的不願付出、吹毛求疵。那麼，在一個精緻的利己主義者面前既得不到愛也得不到物質的女人，還有可能選擇你嗎？

你在趨利避害，別人也在擇優選擇。女性在擇偶時對房產有要求，不過是想要一個穩定的生活環境，不想居無定所，這無可厚非，動物尚且知道在生孩子之前搭窩築巢呢。

人窮不可怕，可怕的是人窮心也貧。很多女性會因爲一個人對自己好而對其全心相待，即使對方無法提供優渥的物質生活，只要願意從情感上彌補，最終也能夠收穫幸福，我認爲這是可以接受的。但大部分人窮心也貧的男性根本無法感同身受，在他們心中只有唯我獨尊的冷漠。

不願付出的背後，更多的是一種害怕結婚後又離婚，進而會給自己造成經濟損失的心理在作祟。我可以理解這種心理，畢竟現實生活中這樣的例子也不少。但就像我勸很多小女生時說的那樣，不要把婚姻想像得那麼可怕，不是所有婆婆都會「折磨」兒媳婦，也不是所有丈夫都會家暴、出軌。同樣，也不是所有女人都算計著靠結婚發財致富。根據吸引力法則，經常從負面的視角看世界，往往就會吸引消極的人和事。

俗話說「不是一家人，不進一家門」，你要是行得正、坐得端，就有理由相信生活終將幸福美滿。

聘金，其實就是一個心意和態度的問題。如果對方是前文提到的那兩種人，那你趕快有多遠跑多遠；如果不是，你就要想想，你和他談戀愛時他的家庭條件如何，如果他有能力拿出十萬元聘金，卻只願意給你一萬元，這多少有不尊重之嫌；但如果他只能拿出一萬元聘金，可是你卻逼迫他拿出十萬元來，那他要到哪裡去籌備這麼多錢呢？如果要他全家舉債娶你，他的內心必然會覺得虧欠父母，以後過日子時，如果你和公婆之間有矛盾，他心裡的天平想必會向爲自己付出了一切的父母一邊傾斜。這豈不是因小失大、得不償失？

過日子要學會換位思考、推己及人，分清孰輕孰重。雙方都感恩彼此的付出，才能長久地相處下去。

人生不是打擂台，不能一把定輸贏。不要爲了自己開局的面子，最後把裡子輸得一乾二淨。

我認識一個女生，她在感情中總是試圖「掌控」對方，結果嚇跑了兩任男朋友。比如，她曾明確告訴對方，自己要用聘金給爸媽換房子。其實，她要是有孝心，還是要自己努力賺錢，不能把這個「宏偉」的志向壓在另一半的身上。試想，如果你的另一半要求你賺錢給他父母換房，你願意嗎？「掌控」對方，其實就是虛榮心在作祟，不過是希望自己可以從街坊四鄰那裡聽到一句「某某家的女兒眞爭氣，嫁得好，她爸媽可享福了」這樣的話。

女孩啊，誰也不是傻子。如果你想讓他人心甘情願地爲你付出，你必須有讓人欣賞的本事；如果沒有，那就是一個「普信（網路用語，指雖然普通但對自己有謎一般的自信。）女」，平平無奇，卻還幻想讓「霸道總裁」著迷。

PART 2

如何躲開婚戀中的那些坑

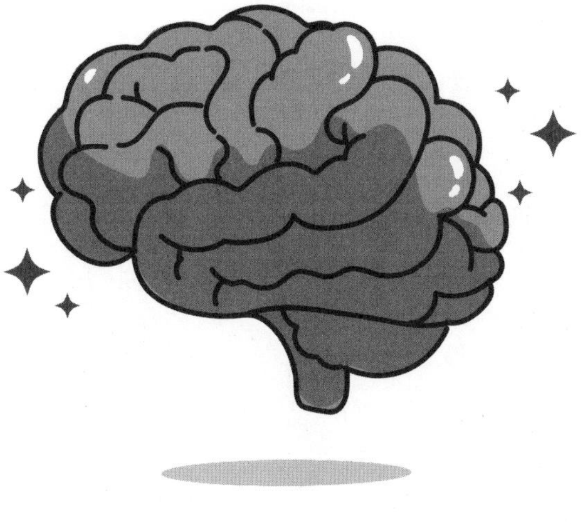

・遇渣男：為什麼你總是遇人不淑

如果你偶爾一次遇人不淑，這很正常，誰這輩子沒有運氣不好的時候？但如果你總是遇人不淑，就必須找一找自己的問題了。

有的女生很奇怪：溫柔體貼的不要，有責任和擔當的不要，遇上會說甜言蜜語但不負責任的男人反而兩眼發亮。

難道是因爲會說蜜語甜言、會製造驚喜浪漫的男人確實太吸引人了，就算他金玉其外、敗絮其中卻也讓人甘之如飴？這種男人就像裹有糖衣的藥片，他們只有裹在外面的一層糖衣是甜的，當你把藥片放進嘴裡，幾秒後就只剩下苦味。

有些女孩對愛情忠誠，對伴侶體貼，即便如此，她們卻一次又一次地被交往對象傷得體無完膚。我有一個女性朋友，她長相端莊，家境優渥，她的第一任男朋友坦然享受著她帶來的各種物質上的便利，卻對感情不忠，甚至在她的再三追問下對她動了手。兩個人談戀愛的時候，她最喜歡做的就是「求神拜佛」，用盡了東西方的測算方法，得出的結果是她上輩子欠他的，這輩子要還債，等還清情債後兩個人才能分開。

我這位朋友就像著魔了一樣，即便大家苦口婆心地勸了很多次，她仍不願意結束這段感情。當對方提出分手，她卻懇求人家再給她一次機會，不要離開她。事後她說：「我就是不甘心。」

不甘心的是什麼呢？不甘心自己愛的人不愛自己，不甘心沒有做錯任何事的自己被這樣無情地對待，不甘心他後來選擇了和各方面條件都比不上她的人在一起。

我這位朋友最終結束了這段感情，後來又交了一位男友。因爲有了前車之鑑，她無比看重自己的第二段感情，下定決心這一次無論如何也不能分手。

這位朋友的例子告訴我們，女人一定要明確自己的底線，對觸犯底線的行爲絕對不能容忍，不能因為「不甘心」而一味懦弱和忍讓，從而給了對方肆無忌憚的勇氣。

當一個人特別在意一件事或一個人的時候，他就會把全部注意力都放在其上，竭盡全力不讓壞事發生。但有的人用的方法是對的，有的人用的方法則是完全錯誤的。比如，有人害怕分手，所以每次吵架的時候都盡量控制情緒，以理性的態度處理矛盾，事後還會反思吵架的原因、該如何避免再次吵架，以及如果下次遇到相同的情況，有沒有更好的解決辦法。在相處中，他也會勤於和對方溝通，給感情加碼。就像蔡康永在《奇葩說》裡提到的，我們不斷地往對方的儲蓄罐裡存錢，每次爭吵就從罐子裡拿出一部分，平時存得越多，吵架的時候想一想那些相處中的美好，雙方就都能克制一點。

還有的人選擇了截然不同的處理方式。他們為了避免分手，要嘛吵架的時候選擇隱忍、逆來順受，慣得對方越來越跋扈，進而得理不饒人、沒理還爭三分，把日子過得一蹋糊塗；要嘛疑神疑鬼，把所有的爭吵都歸結於對方不愛自己了，從而忽略引起爭吵的事件，開始尋找對方背叛自己的蛛絲馬跡。

有時候，手握得越緊，手裡的沙子就流得越快。

我的那位朋友最終和另一半步入了婚姻的殿堂，但遺憾的是，他們婚後一年就離婚了。

我問她離婚的原因是否眞的像她每天擔心的那樣，她點點頭，然後又猶豫著搖搖頭說：「我每天都查他的手機，看他和女同事的聊天記錄。工作就工作，爲什麼要發表情呢？

「後來他就不讓我看他的手機了，甚至還買了一部工作專用手機，你說這不是心裡有鬼嗎？

「然後我就每天去他的公司。有一兩次還眞讓我堵著了，他明明沒有加班，卻騙我說在加班，其實是跟朋友喝酒去了！

「後來他說他受不了了，堅持要和我分開。雖然我沒有找到他出軌的證據，但你說，他到底愛上了誰？」

聽到這些話，我非常無語，便直言不諱地告訴她，如果是我，也跟她過不下去：「你最大的問題就是想得太多，俗稱『太閒』。」至此，她的兩次戀情都以失敗告終，第一次是因爲毫無原則和底線，第二次則是跑到了另一個極端。

透過我這位朋友的經歷，我總結了遇人不淑的兩個原因。

第一，當你特別愛一個人，愛到沒有原則和底線的時候，你其實是在用一種貶低自己的方式抬高對方。你越活越自卑，他卻越來越覺得自己無往不利、所向披靡。雙方之間的關係逐漸失衡，原因在於你從一開始就沒有正視這一段戀愛關係。戀愛中的兩個人是平等的，應該互相扶持，而不是一方始終仰視另一方。

第二，可怕的控制欲和占有欲眞的會逼瘋一個人，讓對方一心想逃離。如果不反思，就會陷入一個迴圈：是自己運氣不好，所以才遇到那麼多面目可憎的人，進而怨天尤人，下次再遇到愛的人的時候就會止步不前，陷入惡性循環。

・對我好：他為什麼對你好

很多女孩會有這樣的疑問：如果一個男孩對我特別好，但是他的家庭條件一般，我要不要選擇他作爲自己的伴侶？

但很少有男孩問我這個問題。請不要認爲是因爲男性現實，事實上，他們的理性是廣大女性特別值得學習的。

在大部分男性的思維模式中，如果自身條件優秀，自然也會選擇條件優秀的另一半，即便雙方家庭條件不匹配，女方的學識、教養、性格也能在一定程度上彌補家庭條件這一缺點。而在大部分偶像劇和小說裡，編劇和作者筆下的女主角不但柔弱且生活「不能自理」，性格清冷矯情，往往還會有一個極其複雜的家庭，但依然受到男人追捧。這樣的角色設定就是爲了滿足那些愛做「霸道總裁夢」的女孩的幻想，所以，女孩們還是要趁早醒一醒，不要混淆了虛幻與現實。

絕大多數有著不錯的外貌和家庭條件的女孩，總會糾結這個問題：如果我錯過這個人，會不會再也遇不到像他這麼好的人了？其實大可不必爲此擔心，我們首先還是要搞清楚自己想要的究竟是什麼。

有些人對你好無外乎兩個原因：要嘛他對誰都好，要嘛他對你有所圖。前者是性格問題，後者則是人性問題。

比起物質條件，其實「對你好」這個屬性本身就不穩定。與其享受他對你的好，不如探究一下他爲什麼對你好。

如果是他的性格使然，那你可以放心地選擇這個人，因爲一個人的性格是很難改變的，如果你看重對方這個優點，即使他的經濟條件一般，你只要做出不讓自己後悔的選擇就可以了。

如果是你身上的某種特質深深地吸引著對方，比如外貌或身材，這時請你想一想，這一特質是否易於堅持，能否長久保持？這些容易讓人審美疲勞的特質，就算耗費大量的精力和物力去維持，也很難保證欣賞者本身不改變。

所以，兩個人之間最好的黏合劑就是性格。性格的互補非常重要，如果你脾氣不好但有主見，而他脾氣很好但遇事拿不定主意，你們結合在一起就可以取長補短。所有這一切，都比「對你好」三個字來得可靠。

・婚前同居：可以但非必須

婚前如果能發乎情、止乎禮，這是再好不過的情況。如果不能做到，也不要覺得虧欠了對方。有個女孩曾跟我說，她因爲婚前同居而感到後悔。但正値青春年少，享受戀愛很正常，大可不必覺得自己低人一等，只要做好安全措施，保護好自己就可以了。

婚前同居的兩個人雖然提前享受了婚姻生活，但是並未享受婚姻法的保護，反而履行著婚姻當中的部分義務。舉個例子，我有一個朋友，她選擇和男朋友婚前同居。二人同住的房子是男方貸款購買的，他每月將工資用於償還房貸，她則承擔二人的日常開銷。如果他們最後未能走入婚姻的殿堂，女孩不但白白浪費了青春，還浪費了金錢。

如果你是因爲愛情而選擇婚前同居，那請珍惜這份愛，在相愛的過程中築實兩個人的感情基礎。如果你是出於節省開支的目的而選擇婚前同居，我想告訴你的是，兩個人在一起生活所需的費用其實遠遠高於一個人生活。

很多人認爲，婚前同居是爲了提前磨合，爲婚後生活做準備。但我認爲，這不是必須的。你很難從幾個月的同居生活中　完全瞭解與適應對方的生活習慣，也不用天眞地認爲婚前磨合好了婚後就能萬事大吉、一切順利。很多問題沒走到那一步，你根本就想像不出今後會發生什麼事。所以我建議大家，不用「模擬人生」，談戀愛的時候就好好地享受戀愛，結婚了以後就踏踏實實地過日子。

• 異地戀：面對面溝通最真實

除了婚前同居，我也不支持異地戀。

戀愛講究的是陪伴。如果另一半總是無法在你需要的時候出現在你的身邊，你一定會感到難過，長此以往會慢慢地影響你們之間的感情。如果他在工作上遇到了煩心事，面對面的溝通和發文字、錄語音帶來的安慰效果一定是不一樣的。如果你生病了，你們生活在同一個城市，他可以陪你去醫院；如果你們不在同一座城市，他只能安慰你「多喝熱水」。我相信，這兩種處理方式一定會帶給你截然不同的感受。

即使兩個人的感情再深，距離也會漸漸消磨彼此間的愛意。

當兩個人之間出現矛盾，面對面解決是最好的辦法。即使當今的科技已經非常發達，人們可以透過視訊聊天或語音電話來遠距離溝通，但我認爲都不如面對面溝通說得清楚。

有時候吵架只是爲了發洩，面對面吵完了，彼此間的心結也就解開了。我和老公也會吵架，我們經常在吵完架後瞪對方一眼，然後忍不住笑了出來，眞的是瞬間「一笑泯恩仇」。吵完架後，我們就開始商量著去哪裡吃喝玩樂，安撫因吵架而受傷的心靈。但隔著網路線吵架，能講清楚道理但安撫不了情緒，當兩個人冷靜下來的時候甚至無法擁抱，只能發幾個沒有溫度的表情，吃飯時各自咀嚼著方才的不愉快。長此以往，感情將越來越淡。

‧選一個比自己年長的男人就一定可靠嗎

很多女孩喜歡比自己年齡大很多的男性，認爲一個人的年齡越大，心智就越成熟，但其實二者之間並不存在必然聯繫。一個人的成熟穩重，也許只是他們戴著面具向你展現出來的而已。年齡大不意味著責任心強、有擔當。

如果一個男人眞的成熟穩重，考慮事情比你周全，那麼你做的一些事在他眼裡或許是沒有太大意義的。這會讓你缺少很多自主性。見多識廣的他可能無法認同你的一些選擇。支持你會讓他覺得累，替你把關會讓他覺得疲憊。

選擇比你年齡大很多的男人，你自以爲做了一個聰明的選擇，其實不過是聰明反被聰明誤。

人生哪能多如意，萬事只求半稱心。我說了這麼多，並不是要阻攔你奔赴這樣的戀愛，而是在告訴你這樣做可能帶來的後果。

選擇人生伴侶，要看重對方的能力與責任心，看他是否能帶給你安全感。

有的女生如願以償地找了一個比自己大十幾歲的男人，可婚後生活卻並不像她所期待的那般美好。他們不僅有夫妻之間都會遇到的雞毛蒜皮，還多了很多其他人遇不到的麻煩事。

看一件事要看全貌，才能做出最優選擇。帶著目的與人交往，也很難換來真心，你在計較得失，別人也在權衡利弊。

在熱戀期，人們往往會忽視年齡差帶來的弊端。這時候我們一定要保持理智，認眞分析。年齡的差距往往會帶來思維上的鴻溝。二十多歲的小女生喜歡浪漫，想愛得轟轟烈烈；三十多歲的男人務實，覺得好好過日子才是最重要的。

雙方都沒有錯，但在這樣的感情中，二人的付出往往是不對等的，這通常會導致一個問題——當初吸引你們在一起的，反而成了日後分手的原因。

你覺得自己的熱情得不到回應，他納悶你爲什麼總要「大張旗鼓」；你下班後想購物跳舞，他下班後只想回家休息。就算年輕充滿誘惑力，但高高的髮際線明顯更值得憂慮。

不要用愛情來挑戰人性，誰都會選擇讓自己舒服的生活方式，而不是一味地遷就別人。

爲什麼說少年夫妻可貴，因爲少年夫妻共同經營婚姻，兩個人互相影響，相伴成長，在不斷的磨合中變得越來越契合，共同摸索出一條兩個人走著都舒服的人生道路。這樣的感情有著十分穩固的基礎，每一段共同經歷都像是兩棵樹在地下牢牢相握的根鬚，絕對比「背靠大樹好乘涼」來得踏實。

•先立業再成家：那些裹著糖衣的謊話

有小女生問我：男朋友不想結婚，說自己現在沒有錢，要先拚一拚事業再考慮個人問題，我該不該等他？

我個人認爲，「先拚一拚事業再考慮個人問題」的說法是一個不負責任的謊言。之所以如此表述，很有可能是因爲你們之間既沒有到分手的地步，他也不想現在就娶你，而是想看看今後能否遇見更好的人。如果可以找到更好的結婚對象，他很可能不會考慮你這幾年的青春損失；如果找不到比你更好的人，他至少還有你作爲自己的「退路」。

有很多男孩也許是眞的想有了更堅實的經濟基礎之後再考慮結婚成家，他們希望自己的婚姻生活可以更有保障。這需要綜合考慮他的性格及現狀，看他是不是眞的在腳踏實地地努力。舉個例子，當你想帶他和朋友聚餐，如果他回覆你：「我不確定有沒有安排，先這麼定吧。」這句話的含義就是他並沒有按照先來後到的順序爲你挪出時間，而是自有一套輕重緩急、先來後到的安排體系。

只有「想不想和你約會」，沒有「有沒有時間和你約會」（加班和生病除外），不過就是看你重要不重要罷了。

人是利己的動物。大部分女人都想找一個條件比自己更好的另一半，男人亦是如此。

男人也是人，也會算計，也懂得趨利避害，說謊的時候也喜歡用仁義道德做遮羞布，表面上是怕拖累你，其實就是給自己多一個選擇罷了。如果他眞的爲你考慮，他應該想到的是萬一自己兩年後還如此落魄，那時你該怎麼辦。

所以，以經濟條件不允許爲理由不結婚的男人，他或許從頭至尾都是打著「爲你好」的旗號，實則更多的是在爲自己考慮。

我曾問過我老公：「如果有一天你落魄了或者生病了，你會怕拖累我而跟我分開嗎？」

他斬釘截鐵地回答：「不會。」

爲什麼不會？因爲這時候他需要你，他怎麼會讓自己孤立無援？

爲什麼不願意和你結婚？因爲現在他還不需要你，否則他會拚命抓住你的。

比被哄騙更可怕的，是自欺欺人，畢竟最終受傷的還是自己。所以，如果你的男朋友也對你說出本文開頭那樣的話，請一定要認眞地評估他的話是不是在搪塞和拖延，從而做出正確的判斷。不要把時間留給錯的人，從而耽誤自己尋找眞正的幸福。

•「公主」不討喜，傷人又傷己

多數男人渴望一個外柔內剛又不強勢的賢內助，她可以把家裡的一切打理得井井有條。

那些比較戀家、對另一半更依賴的男人，倒是願意讓別人黏著他。但你凡事都指望他，他凡事也指望你，你們的日子是過不下去的。

所以我建議那些喜歡黏著男朋友的女生，不要一味地依賴別人，不要讓別人難受，把自己置於被動的境地。

男性和女性的天性是不一樣的，女性天生喜歡照顧人，比如，男性去超市購物一般只會購買自己想要的東西，女性則通常會把全家需要用的東西都買回去。一個只會依賴別人的女人，自身的情感需求和生活需求其實很難被全部滿足。

有的小女生覺得男朋友不在乎自己，就跟男朋友冷戰，等著他來哄。她覺得自己沒要求對方有房、有車，只是希望對方完全包容自己的脾氣，不能跟別人出去玩，做不到就要鬧。

這種沒事找事就是「公主病」。「公主」眞的不討喜，傷人又傷己。

該需要對方承擔的房、車，你替他承擔了，那些你哄我、我哄你的小事反而糾結個沒完。對方不會領你不要房、車、聘金的情，反而會覺得你特別煩。很多女孩認爲：「我看不見他就想，他需要我我馬上就出現，這才是愛。」

在我看來，這不是愛。

我們要做一個獨立的人，從人格到人身都是獨立的。我非常喜歡這句話：「一個人只有在獨立且有尊嚴的情況下才具備人格。」希望所有女孩都能做一個有獨立人格的新時代女性。

•「顏控」：長相不可控，人品更可靠

很多人標榜自己是「顏控」，這是想表達自己品位好、要求高、口味刁，以此展現自己與眾不同嗎？在此，我不禁想表達我的疑問——

這個世界上有人喜歡醜東西嗎？我們會買專櫃裡最醜的包嗎？

有個小女生跟我說，她在網上遇到了一個帥哥，加了他的好友。兩個人聊了一個多月，這個帥哥既不跟她語音聊天，也不跟她視訊通話，她糾結是否要和他繼續聊下去。

聽聞她的話，我有一點震驚，這個小女生其實是在跟自己的幻想聊天，用頭腦中幻想出的「浪漫劇」哄自己入睡。

過日子不看臉，只看臉的日子過不下去。對方的各項條件都不錯，就是不符合你的審美，因此你才會猶豫，可是這世界上從來就沒有十全十美的人。如果一個人長得帥、條件好，你有沒有想過，他可能在遇見你之前就已經結婚了？

這並非長他人志氣滅自己威風。找對象的本質其實是在對自己進行評估，評估正確事半功倍，評估錯誤一條死路走到底。

有人說不能將就，但誰都有缺點，你的外貌也一定有人喜歡、有人不喜歡，不必用「顏值」作爲衡量別人的標準。忠言逆耳利於行，良藥苦口利於病，知人者智，自知者明，希望大家都能有自知之明，而不是用「顏控」二字抬高自己、貶低別人。

你的樣貌比對方出眾一點，對方的其他條件比你優秀一點，兩個人優勢互補，誰也別自認爲高對方一等。這世界上的男男女女，但凡美和富占一樣，就已經自視甚高了。如果有幸和一個爲人謙卑的、俗稱「知道自己能吃幾碗飯」的人結合，遠比找一個驕傲的孔雀好。

結了婚你就會發現，再好看的人也是人，也要吃喝拉撒，也有情緒、有脾氣。時間久了，即便是一個完美的雕塑，你也會對它審美疲勞。外貌沒有你想像中的那麼重要，重要的是人品。謙虛就是一種非常好的品質，謙虛的人遇事會反思，反思後能學會換位思考和包容忍耐。

如果你的另一半永遠趾高氣昂，發生任何事都覺得自己是對的，就算他有著出眾的外貌，你也沒辦法跟這樣的人過日子。

還有的人認爲，找一個「顏值」出眾的另一半是爲了下一代。其實遺傳學沒有你想像中的那麼簡單，我見過有的父母長相一般生出的孩子卻可愛至極，也見過有的父母長相出眾但孩子偏偏遺傳了兩個人的容貌缺點。長相這件事並不可控，但性格除了先天遺傳外，很大程度上還跟後天的教育與經歷有關。一個徒有其表的人也許能得到一時的偏愛，但好的性格與優秀的能力才是立足社會的根本。

當然，我們不能全盤否定外貌的魅力，我只是希望大家根據自身條件去擇偶，而不是一味地追求與自己不相符的美麗。

那樣的美麗太累。

‧前任：人要往前看，前任靠邊站

很多小女生糾結：分手了，忘不掉前任怎麼辦？

分手後傷心難過是很正常的，但我好像從沒有因爲分手而長時間走不出悲傷的經歷。我最刻骨銘心的一次分手是在上大學的時候，分手後我的情緒極度低落，便跟學校請假，去南京找我的閨密，兩個小女生預訂了一家高級酒店，開始「報復性」享樂，報復的對象大概是「命運」，誰叫它讓我失戀。

在南京的第一天，白天我們做按摩，晚上吃西餐、喝紅酒。那時候年紀小，不懂紅酒這東西有什麼好喝的，喝了兩口就喝不下去了。但是那家餐廳服務周到、飯菜可口，生理上的享受極大地撫慰了我心理上的創傷。

第二天我們遊覽了秦淮河和雞鳴寺，兩個意境截然相反的地方，一個讓人看盡紙醉金迷，另一個讓人體會清心寡慾。晚上我去理髮店剪短了頭髮，然後回到酒店打開電視，電視上正好在播放電視劇《步步驚心》，我們便興致勃勃地看起了電視劇。

我用了兩天時間盡情吃喝玩樂，然後漸漸明白——愛情好像也不是人生唯一的樂趣。自從明白了這一點，我就不再爲情所困了。

所以，每次有人問我「分手了應該怎麼辦」，我都會建議大家去旅遊，到外面走一走、散散心。學會愛自己後，你就不會計較別人愛不愛你了。懂得愛自己的人才會閃閃發光、熠熠生輝，我們的大部分煩惱，大多是因爲書讀得太少卻想得太多，本來就沒活明白，還總是自尋煩惱。

不要覺得離開了前任自己的世界就崩塌了。我一直認爲人間的快樂在免稅店和購物中心，這並不是在鼓勵你成爲一個享樂主義者，而是適當的慾望可以激勵人不斷向前。一個心裡有目標又知道該如何達成的人，不會把自己的一切都寄託在另一個人身上。什麼時候學會靠自己，什麼時候才能豐衣足食，你越獨立，就越吸引人。

越早明確這一點，對你的人際關係（不只戀人關係，還有朋友關係）越好。

那麼，還有沒有聯繫前任的必要？我覺得完全沒有必要，好聚好散是最好的處理方式。即便分手時沒有撕破臉，分手後也沒有必要常聯繫，否則再見面時只會出現兩種情況，一是尷尬，二是舊情復燃。

好馬不吃回頭草，大部分復合的情侶往往會因爲同樣的問題再次分開，與其重蹈覆轍，不如改變自己。當你們中的一方改變了，也許就不會再互相吸引了。

《知否知否應是綠肥紅瘦》裡有這樣一個觀點：「眼睛是長在前面的，做人永遠都要往前看，一味地緬懷過去沒有任何意義。」成年人總在懷念小時候，但再也回不去小時候了，不如過去的就讓它過去，只有一直往前走，才會遇到新的風景和新的人。

有的人因爲被前任傷害過，憤怒的情緒久久不能平復，所以總是怨天尤人：憑什麼，他憑什麼這麼對我？因爲分手，我和我家人的內心都受到了傷害……

其實，眞正能傷害到你和你家人的只有你自己。如果任憑別人的錯誤一直懲罰自己，到底是能讓對方深刻地反省自己的所作所爲，還是能讓他彌補你呢？都不能。事已至此，就要大踏步地開始新生活。

一兩次遇人不淑沒關係，但如果次次都栽跟頭，那就要從自己身上多找找原因了。每一次教訓都是人生給我們上的一堂課，跌倒後要擦亮眼睛，學會吸取教訓，而不是陷在泥淖裡跟泥較勁，弄得自己狼狽不堪。這樣做只會辜負自己，讓自己白白吃了這許多苦。

•送禮物：不能與愛畫等號

「男朋友不送我禮物，是不愛我嗎？」其實，送不送禮物，與愛不愛你眞的沒有太大關係。

我們不能將禮物等同於愛。有一些物質生活優渥的人，逢年過節就讓下屬籌備禮物送給家人和客戶，這樣的禮物更多的是在表達禮數。兒媳婦在母親節給婆婆準備禮物，這也是禮數的一種表現。

如果你想讓另一半送禮，大可明確地表達出來，培養他對待生活的「儀式感」。

大部分男人的思維和女人的完全不同，他們有時非常一根筋、非常「鋼鐵直男」，基本不會記得各種節日，更不會明白每個節日的意義以及在這些節日應該送什麼禮物。有的男人甚至會在女朋友過生日或情人節的時候送上一束康乃馨，因爲他們並不知道，康乃馨常常被用來送給母親，代表對母親的愛與感謝。他們興許只是覺得康乃馨好看而且比玫瑰花便宜。

你看，男人就是那麼務實，十個男人裡有九個完全不具備浪漫特質。

在很多電視劇裡，男主角如果是一個超級「暖男」，他會給女主角買各種各樣漂亮的衣服和鞋子，還會帶她去品嘗各式各樣的美味佳肴，這是每個女孩心中理想的另一半的樣子。但現實和理想之間總是存在差距，你不能把小說裡的情節當成現實生活中的目標。

很多女孩都堅定地認爲，男人不給女人送禮物就是不愛她。的確有男人以不通人情世故、不懂節日儀式感爲藉口逃避買禮物，所以很多女孩一氣之下也決定停止禮尚往來，及時止損。

不過，我還是願意相信很多男人眞的只是不開竅，就像不會解數學題一樣，他們可能就是不知道該如何解答「送禮物」這道題。

如果我很想要某樣東西，我不會糾結是別人送的還是自己買的。如果我想要的是對方的愛，我會從生活中諸多平凡的小事中去發掘、體會，而不是用「自己買的禮物就沒意義了」這樣的話來欺騙自己，成爲一個連愛和禮物都分不清、只能靠禮物去估算愛意幾何的庸人。

世上本無事，庸人自擾之。

當然，我們也不應全盤否定禮物的重要性。有的男人認爲禮物這個東西太「虛」，行動才是眞正有力量的表達：「你想吃什麼我可以給你做；你上班我可以送，下班我可以接；你喜歡什麼東西我都可以給你買；大到房子的裝修風格，小到我穿什麼衣服，都可以全權由你決定。但是該怎麼送禮物、送什麼禮物，我眞的搞不明白，要不我還是直接給你錢吧。」但對於女人來說，這些恰恰都是沒誠意、不用心的表現。

我們要明白，花錢和送禮是兩個完全不同的概念。

給你花錢不一定是愛你，但不肯給你花一分錢肯定是不愛你。

給你送禮不一定是愛你，不給你送禮也不一定是不愛你。

送禮更多代表的是一種人情往來。我們中國人講究禮尚往來，禮即是人情，並非愛情獨有。

愛情不是社交，不是靠禮物維持的。在愛情裡，禮物不僅不能代表愛的程度，也不能代表利益。

千里送鵝毛，禮輕情意重，一個人在另一個人心裡的分量不能僅靠金錢衡量。有些人對禮物的要求遠高於對方的承受能力，非如此不能彰顯真心，這就有點過分了。

愛要用心感受，從細節看整體。愛是時間越久越能品味得真切的東西，不是用高昂的禮物堆砌起來的。

當然我也鼓勵男人們多多學習一下，你們只要稍微用點心，肯定能給另一半製造浪漫和驚喜。那些對於你們來說普普通通的日子，比如她的生日、情人節、七夕節、「五二〇」，等等，對於女孩們而言，都具有非常重要的意義。請把這些特殊的日子在日曆上標紅，哪怕不能送禮，至少可以送上幾句祝福，或一起吃個飯。如果送禮，鮮花和蛋糕是最簡單卻用心的心意，一把氣球也可以浪漫到飛起。

感情需要雙方共同維持，只要稍用心思就能有所收穫、爲感情升溫，何樂而不爲呢？

我也希望女孩們不要太苛刻，要學會換位思考。其實，你們也不一定分得清所有車子的型號和遊戲裝備，對吧？

・鬧分手：不要用愛情去挑戰人性

你是不是也曾經用分手嚇唬過你的男朋友？你的初衷只是想用「失去」刺激他「珍惜」，結果有的男人卻對此無動於衷，還有的情侶就此分道揚鑣。

很多女人會在分手後痛罵前任：「既然早就有分手的心思，爲什麼不直接說？還非要等我說出來，讓我做惡人。我眞是太傻太天眞，在這種人身上白白地浪費了青春和時間。」

請停止你的「腦補」吧，會發生這樣的情況，只是因爲大部分男性對待感情比女性理智得多。

用分手嚇唬對方，大部分人是想傳達一個訊息——我對你的某些行爲已經忍無可忍，如果你依舊不思悔改，那就恕我不再奉陪了。但其實，他們篤信「法乎其上，得乎其中；法乎其中，僅得其下」，給另一半設置高一點的「指標」，雖然不能完成，但總能有所改進，最終目標還是希望對方能有所收斂。

然而江山易改本性難移，改掉毛病談何容易？他不是不怕分手，他是眞的改不了。不是因爲不夠在乎你，而是大部分人最愛的都是自己，這是人性，用愛情去挑戰人性是特別沒有意義的一件事。

生活中大部分的爭吵，幾乎都源於一些小事。但爭吵過程中說的話太狠，導致彼此猜疑、矛盾升級，很多陳年往事被翻了出來，誰都想證明自己在這段感情裡更包容、付出得更多，對方不但不知道感恩，還得寸進尺，簡直令人發指。

「分手」是一個特別傷人的詞，提分手不但解決不了任何問題，還會讓你們的關係雪上加霜。

很多人說「愛情經不起折騰」，那是因爲人性經不起試探。

人都是趨利避害的，我們的生物本能讓我們學會規避風險。遭遇危機時，很多人都會像壁虎一樣選擇「斷尾求生」。愛情於生存而言，就是那條可有可無、沒了還會再長出來的尾巴。

這種說法可能會破壞很多女人心目中對愛情的美好想像，但很多人過得不幸福的原因，不是遇人不淑、命途多舛，而是太高估婚姻、太倚仗婚姻，總覺得婚姻是女人的第二次投胎，想靠「嫁人」這件事獲得新生。

人活一世，最可靠的永遠是自己，每個人都要學會獨立。女人要學會取悅自己，而不是將自身的情感寄託在別人身上。

我曾看過一個採訪，受訪者中的丈夫們對自己妻子的評分都很高。反之，妻子們則對丈夫的評分很低，其中有男性自身的問題，比如家庭責任感缺失、對於妻子不夠體貼與體諒、對孩子照顧不周，等等，但除此之外，還有一個更大的原因，就是女性更看重精神上的慰藉與生活中的儀式感，而男人對婚姻的要求往往很簡單——老婆、孩子、熱被窩。

評估標準不同，幸福指數自然不一樣。很多女性眼中的另一半粗枝大葉，既不浪漫也不溫柔，與別人展現在社交軟體上的美好婚後生活對比，就會產生巨大的心理落差，進而得出「另一半不愛自己」的結論。相反，男性則覺得自己一心一意地為這個家努力奮鬥，全部精力都放在了家庭上，又何必在意溝通交流、製造浪漫和驚喜呢？

長此以往，兩個人不斷地產生誤會，誰都不覺得自己有錯，誰都不理解對方，最終使得原本正常的婚姻支離破碎。

如果夫妻能夠多體諒彼此，盡量做到步調一致，共同去做兩個人都感興趣的事，為實現共同的目標努力，就能大大提升溝通頻率，從而加深感情。丈夫要給妻子一個傾訴的出口，妻子要給丈夫一個表達的空間。

我讀研究生的時候，學校宿舍的廚房是公用的，我和我的好朋友經常相約一起做飯。但她是道道地地的南方人，我是土生土長的北方人，我們的飲食習慣天差地別，每次做完飯後都很難共餐。正是這件事讓我明白，再相愛、再要好的兩個人，在面對基本生存需求衝突的時候，也很難做到為對方讓步和妥協。所謂的「生死相依」或許不是不存在，只是太難做到。

希望越大，失望越大。把需求降低，與其把希望寄託在別人身上，不如調整自己。不把自己當回事，每天把注意力放在別人身上，把自己的幸福全都傾注在對方身上，不被「滅掉」的概率太低了。

精神上的滿足只能自己給予。愛情是錦上添花，從來都不是必需品。婚姻是基本保障，它始於愛情，忠於人性。

‧遠嫁：請聽媽媽的話

在網路上，很多已經結婚了的網友告誡後來人——不要遠嫁。我個人也不建議遠嫁。除了那些懵懂無知的未婚小女生對遠嫁有所期待，過來人裡還真沒有什麼人對「不要遠嫁」這個觀點唱反調。

婚姻很現實，就像兩個人蓋房子，你添磚，我加瓦，純靠風花雪月和吟詩作對是無法抵禦外界的風雨侵蝕的。兩個年輕人的「磚瓦」，有一部分是從父母處得來的。如果父母給不了太大幫助，那近嫁或遠嫁沒有太大區別，反之就大不相同了，遠嫁相當於單方面放棄了父母可以帶來的大部分助益，婚後遇到任何問題，都要靠你自己解決。當然，我不是鼓勵女人遇事就回娘家。你不希望婆婆參與你們的生活，那也不要動不動就回娘家訴苦，過日子是夫妻二人的事，「遇事就回娘家」對過日子沒有什麼好處，還平白讓老人擔憂。

除了出錢，父母還能出力。比如，你們夫婦二人今天都要加班，爺爺和奶奶可以幫忙接孩子放學；恰逢孩子爸爸出差的時候孩子生病，爺爺和奶奶可以給孩子媽媽幫個忙。

這些並非婚姻中的偶然事件，瑣事比比皆是，多一個人幫忙就多一個選擇。比起公婆，有的人更願意「麻煩」自己的父母，這都是人之常情。

父母給你的助益，不論是錢也好力也罷，都是你在婆家的基礎，遠嫁就相當於拋棄了一部分基礎。

試想一下，如果孩子生病，孩子爸爸在開會，無法及時趕回家，你也不好意思麻煩公婆，這時你就要一個人帶著孩子去醫院。如果你沒有孩子，可能無法想像孩子生病之後能有多「折磨」人，你要帶他排隊掛號、等待面診，有時還要驗血、做檢查，你一隻手抱著孩子，一隻手拿著手機，還要用胳膊夾著那些掛號單……如果恰逢冬天，你和孩子的衣服就得有兩斤重，你要抱著一個「大棉花套子」幹完上述所有事。這些事在你沒有經歷過之前是很難想像的，在未婚小女生的世界裡看不到這些現實的問題，所以她們才會爲了愛情不顧一切遠嫁。

如果你選擇了遠嫁，當你的父母生病，但病情不是很嚴重，在權衡是請假回家探望還是視訊通話問候之間，你往往會選擇後者。掛掉電話後，你又開始自責，想到父母含辛茹苦地將你養大，在他們生病的時候，自己竟然幫不上一點忙，這種感覺折磨著你。我在醫院裡經常看到獨自站在先進的掛號機器前皺著眉頭、完全不知道該怎麼操作的老人，可以想像他們有多著急。

在沒有結婚之前，我把愛情置於心中最高的位置，即便如此，我從來也沒有過遠嫁的想法。當我婚後享受著娘家離著近帶來的便利，才意識到父母在身邊有多重要。

現階段的我需要父母的幫忙，比如，我女兒的幼兒園就在爺爺家樓下，如果她尿床了，爺爺和奶奶可以直接把換洗的衣服送到幼兒園去。有時候我的父母也需要我，比如，我可以在上班前替他們到醫院掛號、取號，然後再去上班；有時候他們吵架，我也可以在半小時之內趕赴現場勸架——中老年人鬧彆扭，就像幼兒園的小朋友鬧彆扭一樣，需要一個中間人調解，互相給個台階下。

遠嫁還會帶來一個問題——該去哪一方的父母家過節。如果雙方父母居住在同一個城市，逢年過節時，他們一般會和兒女聚在一起；如果你遠嫁異地，每年過年回娘家還是回婆家都會成爲一個很大的問題。

前面說到的雖然都不是大事，但這些事你可能每天都會遇到，到時候你就會發現生活有多麼不方便。小事堆積起來，慢慢地也就成了大事。

遠嫁除了因爲愛情，還有可能是爲了逃離原生家庭。

如果是爲了愛情，我已經在前面的文章裡談到了太多在愛情和現實之間如何取捨的問題，你可以自行回看前文，尋找答案；如果是爲了逃離原生家庭，那你就必須擦亮眼睛，分清楚父母是眞的不愛自己，還是自己沒有感受到父母的愛。不要做出讓自己後悔的決定。

PART 3

如何經營好自己的婚姻

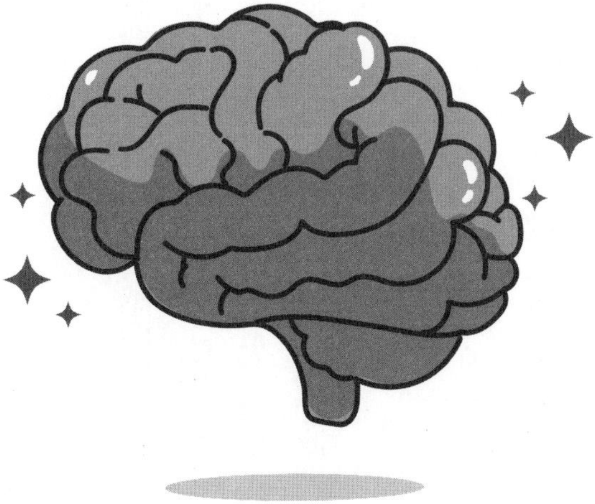

‧毀掉愛情的，不是婚姻

我剛開始做情感類題材博主的時候，很多人諮詢我各種各樣的情感問題。有一些問題令人唏噓，基本找不到解決方法，比如，夫妻二人已經有了孩子，但此時出現了非常大的家庭矛盾；再比如，婚後發現另一半有不良嗜好或對婚姻不忠；等等。這些問題要如何解決？我一般只能安慰他們，因爲從我的角度來看，這些屬於原則性問題，要想一勞永逸地解決，除了離婚，沒有別的更好的辦法。

不過，出於負責任的態度，我不會給任何人瞎出主意。人生中的事，從填報大考志願到結婚生子，周圍的人只能向我們提供建議，不能替我們做決定，更不能替我們解決問題。我們要爲自己的選擇負責，承擔一切後果。

還有一些人提出的問題眞的讓人哭笑不得。比如，婆婆對婚姻不忠，可憐的公公該怎麼辦？弟妹背叛弟弟，但弟弟爲了孩子選擇隱忍，可憐的弟弟該怎麼辦？姐姐對姐夫要求太高了，姐夫很可憐，該怎麼幫助姐夫？對於這些問題，套用我女兒的一句話：「你們還是先管好自己吧！」自己的日子還沒有過好，就別把精力分散到幫其他人解決問題上了。

最令我無奈的是那些深夜躺在床上輾轉反側，留言問我「爲什麼另一半不能像自己那樣愛得深沉、熾熱，爲什麼自己的愛意總得不到回應」的人，隔著螢幕看這些問題，都讓我覺得窒息。

如果沒有充實的日常生活來塡補空閒時間，人們往往會執著於一些想像出來的東西。愛情再神聖，西北風不管飽，不如從物質層面或精神層面充實自己。你可以投資外貌，讓自己光鮮亮麗，也可以充實精神，讓自己通透豁達。不管怎樣，都好過稀里糊塗地虛度光陰。要記住，千萬不要有「戀愛腦」。

有一句話說得挺對：「愛情很廉價，任何人都可以愛任何人，感情是可以培養的。」既然我們都不是獨一無二的，那也就沒有必要非誰不可，求而不得不如放下。其實，促成你步入婚姻的是正確的時間，而不是某個人。在那個時間段之內，任何符合你的擇偶標準的人都有可能成爲你的伴侶。

這些話聽上去有點玄之又玄，但事實就是如此。從科學角度解釋，就是什麼時候你想明白了，你的「運」就來了。

如果僅僅是爲了愛情，那你根本就沒有必要結婚，因爲婚姻不是愛情的保鮮劑。愛情由苯基乙胺、多巴胺、腎上腺素和荷爾蒙共同製造，就像你吃糖覺得愉快、擁抱覺得溫暖，和夏天吃冰淇淋、冬天喝熱湯是一樣，它的美妙只能維持一段時間。

愛情也許在眞空、無菌條件下會保持得久一點，但生活中存在這麼多讓人狼狽不堪的事，在夾縫中的愛情能生存多久？

毀掉愛情的不是婚姻，就算沒有婚姻，你每日要面對的也是一地雞毛，很多問題並不會因爲不結婚就可以避免。愛情那麼脆弱，如何維持長久？

你自以爲和另一半非常相愛，但其實，你可能只是習慣了對方而已。觀點一致，行動合拍，相處舒服，這不只是愛情可以帶來的，投緣的朋友、默契的同事都可以給你帶來這種感覺。從愛情到習慣，真正讓你感受到分手痛苦的東西是後者。從這個角度來講，如果你想要毀掉一段關係，將會付出很大的代價。

婚姻太瞭解人性了，它知道人就是這樣的動物，我們只要扛過那段時間，感情就會進入另一個新的階段。

白頭偕老大抵都是這麼一步一步地熬過來的，不要只看見愛情美好的結果而忽視了它艱苦的過程。

既然愛情是一種習慣，那它也是可以培養和戒掉的。如果你的另一半傷害了你，做了一些觸及你的原則和底線甚至是觸犯法律的事，你一定要及時止損。但前提是，你要清楚什麼時候需要調整自身、什麼時候需要堅守底線。

‧婚姻是委曲求全，也是互惠互利

大部分男性對婚姻的要求就是「老婆、孩子、熱被窩」，只要結了婚，這三樣東西幾乎唾手可得、即刻擁有。

可是女性希望伴侶浪漫，會說蜜語甜言；希望伴侶在生活中充滿儀式感，在節假日的時候可以送上鮮花和禮物並共進晚餐，這需要金錢。如此種種，不是婚姻這樣一個「底線保障制度」能夠滿足的，也不是簽訂婚姻這樁契約的目的。

浪漫沒有錯，但我更希望女性可以清醒一點。婚姻之於女性，其實只是一種低層次的保障。男女力量的不均等，造成了女性不論在家多麼有話語權，在與外界的拉扯中仍處於弱勢地位。人們常常認爲女性善於忍耐，但其實不是女性願意忍耐，而是男女之間力量懸殊，在遇到事情的時候，女性的第一選擇往往只能是忍耐。

我一個閨密的父母買保健品被騙，她多次去騙子那裡討要錢款無果，用盡了各種手段，對方仍舊置之不理，後來，她弟弟到騙子那裡討要說法，對方當天就把老兩口被騙的十六萬元退了回來。

我分享的這個案例引起了很多女性的共鳴。有人表示，老公在家時，自己在外租房也不害怕；有人說，與吵鬧的鄰居溝通無果，老公去交涉後馬上就解決了問題；有人說，跟裝修師傅說什麼對方都愛搭不理，老公來了後給對方遞了根菸，問題很快就解決了；還有人說，公司拖欠工資，自己帶家裡的兄弟去討公道，順利地要回了錢款……

我不是在誇大男性的力量，我只是想告訴大家，婚姻從某種程度上來說是一種維護穩定的工具，不光是爲了社會穩定，也是爲了女性的穩定。

如果你覺得出於這些目的結婚是委曲求全，不如換個角度想想夫妻雙方也能在婚姻中互惠互利。

我相信不是沒有人跟你說過這句話，而是你根本不信任跟你說這句話的人，比如自己的父母。很多人覺得自己的父母過得特別失敗，因此也覺得他們的話沒有任何參考意義。

但回過頭來才發現，父母說的很多道理都是對的。如今我們也成了和他們一樣說服不了自己的孩子的父母。

那麼多人選擇的道路未必是錯的。跟著大隊伍走又如何？想鶴立雞群，你也要是鶴才行啊。

・剛結婚的丈夫拿我當外人怎麼辦

剛結婚，大部分男性不會立刻就進入「丈夫」這個新角色，原因是什麼我不清楚，但我知道很多女性則完全相反，從和另一半開始在一起的第一天，她們就已經開始設想「一生一世一雙人」的生活，變得眼裡只有對方而完全看不到其他人。

如果你剛結婚，覺得丈夫不向著你，婆家對你稍有提防，其實這都是很正常的（注意是「稍」有提防，太過提防那就另當別論了）。

我剛結婚的時候，婆婆把房子賣掉了，我是最後一個知道這件事的人。我老公其實是一個根本藏不住祕密的人，但整個賣房過程他隻字未跟我提及。當時我就覺得，他完全沒意識到我已經是他家的一員了，因而忽略了我。

如果是你遇到這樣的情況，你會怎麼辦？我建議，先調整好心態，然後「收買人心」。在很多「大女主劇（指劇情走向圍繞核心女性人物的成長歷程、感情走向展開的電視劇。）」中，核心女性角色們都有一個共同特點，就是特別擅長與人相處。一開始，她們的處境大都很艱難，人人都針對她們，但她們憑藉高超的社交手腕拉攏人心，最後組建了一支非常厲害的「戰隊」，一起攻克難關。

我們可以從影視劇中汲取經驗，對伴侶以及伴侶的家人要以誠相待，但前提是你的公公、婆婆和老公當中必須有一個是「明白人」。什麼是「明白人」？就是「明事理」的人。對於那些「不明事理」的人，不論你付出多少，他都會覺得是理所應當的。同時，你也要清楚自己的付出是否值得，也就是對方要清楚你付出了多少。這樣的付出絕對不在一朝一夕，贏得人心需要更久的時間。

相信一年左右你的投入就能得到回報。前期栽樹雖然辛苦，但大樹一旦長成，就會變得根深蒂固、不可撼動。當對方拿你當自己人，就代表你們之間的隔閡被打破了，你們會更加容易接納彼此。

不過需要注意的是，在這個過程中，你的態度要謙卑但不能卑微，要讓對方知道，你是因爲愛他、想好好和他過日子而在努力地適應新家庭，他並不高人一等，不能對你招之即來揮之即去。

千萬不要抱著當公主的心態去結婚，結婚之後急於讓老公在你和婆婆之間站隊，這是非常不理智的行爲，可能會把另一半推得越來越遠。

•算計太多，怎麼算怎麼吃虧

很多人說：「結婚需要糊塗，事事都想明白了就結不了婚了。」我覺得這句話很有道理，它背後隱藏了一個問題，就是「你是否害怕吃虧」。

一個稀里糊塗的人不會去算計財產、算計情感，付出的時候不會想能不能得到同等的回報。日久見人心，相信他的另一半一定能感受到這份心意，繼而給予一定的回饋。這是婚姻生活的良性循環。

但如果從一開始在一起的時候就做了最壞的打算，每一次的付出都帶有目的性、都精打細算，相信任何一個人都會對這樣的伴侶感到心寒。既然你這樣對待我，我就「以其人之道，還治其人之身」，兩個人的日子就會越過越差。

也許你會說：「如果對方對我很好，我自會放下防備，這樣不就跳出循環了嗎？」但是，如果你對人家處處提防，別人憑什麼以德報怨呢？最後聰明反被聰明誤，好好的感情落得草草收場。

房子也好，車子也罷，其實都不必過分計較。一個願意給你花錢的人，不論他有沒有做各種婚前財產公證，婚後你都能得到保障。

人們常說「吃虧是福」，做人不要太計較，既放過了他人，又放過了自己。可怕的從來都不是利益的損失，而是心力的消耗，人和人之間如果連最基本的坦誠和信任都沒有了，那才是最可悲的。太過防備彼此，那維持這段關係的意義又何在呢？

我不是針對男性或女性中的某一方。我是女性，我也不願在我買的房子的房產證加上丈夫的名字。如果眞的到了分道揚鑣的那一天，我可以補償對方爲這套房子償還的貸款，但無論如何，我也不願失去我的棲身之所。

這種想法無關男女，這是人性。

如果你眞的很害怕在婚姻中吃虧，那麼就在結婚前買一間屬於自己的房子吧。在結婚前利用「首購」資格購買屬於自己的房產，是對自己和家庭的一種貢獻。買房也許是普通人這輩子最大限度地利用金融槓桿的機會了，除了銀行和父母，沒有人會以這麼低的利息「借」給你這麼大一筆錢。兩個人都在婚前以最低首付利率買了房子，婚後一起奮鬥，各自償還貸款，合則聚，不合則散，中間的細枝末節自己算。

我認爲，婚姻是兩個家庭之間的資源整合、兩個個體之間的互幫互助，可如今不知爲何，「結婚」竟變成了一種較量。一旦陷入這種較量，怎麼算怎麼虧。

雖然總會有人覺得自己吃了虧，但人與人之間的相處，說好聽了是「互相包容」，說不好聽的，就是「今天你吃虧，明天我吃虧」，要想不被人占一點便宜，除非你不與別人相處。相應地，你也無法從別人那裡得到溫暖。人是群居動物，何必搞到這個地步？

結婚後，你會慢慢地發現，日子越久，彼此之間的牽絆就越深，那些「剪不斷理還亂」的情和錢，不是分割一套房產就能解決的。

・如何掌握家庭「財政大權」

當我們探討「如何掌握家庭『財政大權』」的時候，從表面上看，這是因爲夫妻中的一方在婚姻裡缺乏足夠的安全感，所以才會特別在乎錢。但從深層次來看，是因爲除了金錢外，一方給予另一方的情感關懷非常貧瘠，所以才會將希望寄託在眞金白銀上，畢竟要在這個世界上活下去，誰也少不了眞金白銀。

我的一個朋友和她的老公因爲錢鬧得不可開交，兩人連外出吃飯都是各付各的帳，誰也不給家裡買東西，每花一分錢都要計較，誰都不願意吃虧。

這個問題產生的原因，是我朋友的老公從不「上交」自己的工資。她認爲，自己因忙於照看孩子導致收入降低，而老公賺得比她多，有義務把工資交給她。她老公則認爲，結婚時收到的紅包錢、生孩子後收到的禮金都在她那裡保管，自己沒必要再把工資交給她。兩個人誰都不願意退讓，寧可走到離婚的地步也不屈服。

「上交」工資難道眞的這麼重要，重要到離婚了也無所謂？這不是因小失大嗎？

如果你手裡有錢，就沒必要再「收繳」另一半的工資了，那是他的安全感的來源。換位思考，如果對方手握存款卻還要你「上交」工資，相信你肯定也會不開心。

只要沒把錢給別人花，花在自己身上也算是爲家裡做貢獻了，因爲他也是這個家的一分子，不能找他要錢的時候把他視作家裡的一分子，到了花錢的時候又認爲他是在給自己花錢，這樣太「雙標」。

夫妻雙方總要各退一步，至於是誰先退，眞的無所謂，只要做出讓步後另一方也能有所改變，那這一步就沒邁錯。

千萬不要急於求成，兩個人鬧彆扭可能只需要一分鐘，但「冰凍三尺非一日之寒」，要想解決問題，絕不在一朝一夕。

日子是給自己過的，沒有必要和別人比較。人往往只能看到別人生活中精彩的一面，看不到不好的一面。相聲演員郭德綱曾說過這樣一段話，大意是，「過日子就如同變戲法，夫妻倆在桌子上蓋上一塊布，從布裡可以掏出任何東西，過日子就是要把這塊布蓋好，而不是把它掀開」。

與其把希望寄託在督促丈夫身上，不如調整自己的心態，轉變自己的想法。改變別人是一件困難的事，改變自己卻很簡單。

只要不觸及原則性問題，夫妻之間還是要互相包容，有句老話說得好：「難得糊塗，凡事不可太過。」

很多時候，只要你願意與對方互換角色，很容易就可以理解對方的一些行為舉止的意義了。

花錢這件事也是一樣，你不能想當然地認為對方就應該按照你的想法行事，如果換作是你，你也能做到所謂的「應該」嗎？「己所不欲，勿施於人」，我們在做事的時候，可能未必考慮周全，不論對方是同意還是拒絕，我們都要瞭解對方有著怎樣的考量。

・婚姻裡，物質與愛情哪一個更重要

「婚姻裡，物質比愛情更重要。」我相信聽到這句話後一定有人反問：「那愛情就不重要嗎？」請注意，這句話是在說，與愛情相比，物質更重要。

很多女性在選擇另一半的時候不看重對方的物質條件，父母告知她物質條件的重要性，她卻聽不進去，結婚後才追悔莫及，但爲時已晚、木已成舟。世界上沒有後悔藥，既然做出了選擇，就要承擔相應的後果。與其埋怨和後悔，不如想想怎麼才能把今後的日子過好。

所以我奉勸廣大女性，找一個物質條件與自己相當的另一半，既不高攀，也不委曲求全。

很多女性覺得「有情飲水飽」，只要有愛情，就可以不用在意對方的物質條件。

但其實，男人是很現實的，他也許並不想跟你同甘共苦。有一個男孩曾問我：「我家裡很窮，可女朋友要求我必須有房子才跟我結婚，我該怎麼辦？」這個男孩表示自己很愛女朋友，但是又不想讓父母太辛苦，希望女孩能懂事一點，不要房子。在我看來，這段話的大意是：我的家庭條件不好，我希望女朋友可以爲我的家庭條件買單。這樣的男孩，惦記娶媳婦又想孝順父母，還要拿愛情當遮羞布，這不是愛情，這只是怕女友跑了，自己又找不到下一任。從始至終，他想的都是自己。

爲什麼物質更重要？因爲找個物質條件相當的另一半再培養感情，遠比找個情投意合的另一半再去奮鬥要簡單得多。

很多人把感情看得很重，認爲兩個人就要至死不渝、生死相依，但其實，人的感情來得容易去得也容易，時間是非常強大的，分秒的流逝在人體中表現爲時刻不停的新陳代謝。多年之後，最初的愛隨著斗轉星移或變成了夫妻間亦親亦友的濃厚感情，或慢慢地變淡隨風而逝。有時候不是我們薄情，而是因爲改變是生物的一種本能。

感情雖然算不上廉價，但有時候，它和動物之間的惺惺相惜沒有太大的區別。所謂「三觀契合」，只要你不曲高和寡，人群裡總有人能贊同你的觀點。對一件事的看法往往局限於「同意」和「不同意」，很少有第三種聲音，大部分人腦子裡想的都一樣，都能彼此產生共鳴。但是，錢太難賺了，門當戶對能讓彼此都不累。

「物質比愛情重要」這一觀點，是在提醒那些被愛情沖昏了頭腦、對生活沒有評判標準的女性清醒一點，而不是在鼓勵她們「一切向錢看」。

你想找條件更好的伴侶，對方可能也一樣，所以讓自己變得優秀，才是追求高質量愛情的前提。

有個女孩跟我說：「我婆婆很有錢，可是她只給我們買了一間兩房一廳的房子。」

且不說兩房一廳夠不夠住，我們要先明確一點：婆婆有錢，但不欠你的錢。既然已經買了房子，小兩口好好過日子就可以了。

第一次我這麼勸她，她想通了。後來她又來找我，告訴我，自己和老公入不敷出，希望婆家貼補，對此我眞的無言以對。

吃人嘴軟，拿人手短，一些兒媳婦接受了婆婆的接濟，在婆家就要「夾著尾巴做人」，挺不直腰桿，這個女孩竟還想伸手去要，怎麼那麼理所當然呢？

她認爲男人就該養家，老公賺錢少就該想辦法。

這種想法是錯的，一個男人是否有擔當、有家庭責任感，不僅僅體現在賺錢多少上，哪怕他賺得不夠多，但只要勤勞肯幹、積極向上也無可厚非。家庭入不敷出是夫妻自己的事，應該兩個人一起想辦法，而不是去找一方的父母尋求救濟。

物質比愛情重要，知足常樂也同樣重要，否則人心不足蛇吞象，到頭來竹籃打水一場空。

•遇到「媽寶男」怎麼辦

曾經有個女孩問我：「要是遇見了『媽寶男』該怎麼辦？」

除了「渣男」和「家暴男」，當代女性最害怕的兩類男人還有「鳳凰男」和「媽寶男」。

如果遇到前兩類男人，女性在權利受到侵害時可以訴諸法律；但如果不幸遇到後兩類人，大多數女性只能自認倒楣，要嘛「斷尾求生」，要嘛默默隱忍。

成爲「媽寶男」不需要太多的「技術」，只需要聽媽媽的話，所以我認爲，此類男性數量比「鳳凰男」要多。

「媽寶男」大致可以分爲兩種，一種是愚孝型，即「母親爲大」，不論母親說什麼都是對的。如果遇到了這樣的男性，我建議你從下面兩點對他進行考察：他媽媽是不是個講道理的人和他自己有沒有本事。

如果婆婆講道理，兒子也優秀，這樣的家庭基本都有著正確的「三觀」。如果你恰好是個「小女人」，或是可以接受做個「小女人」，那你可以選擇這樣家庭出身的男人，因爲在這樣的家庭中，長輩具有絕對的權威，但這種權威也不是作威作福、蠻不講理，所有家庭成員都遵循著一套規定；而生活在這樣家庭中的男人，在他們心中往往是「孝」字當先，你只需要跟婆婆搞好關係，努力獲得婆婆的認可即可。與這樣的人一起生活，你不但不會覺得委屈，反而會覺得輕鬆。但如果你是一個獨立自主、有想法和主見的人，那我覺得你不太適合這樣的家庭。

如果婆婆不講道理，那你一定要急流勇退，因爲你在這個家裡不但有「狼一樣的對手」，還有「豬一樣的隊友」。在婆婆面前，作爲晚輩的你在地位上被婆婆壓制；如果老公不幫你，還站在婆婆一邊，那你的日子可想而知會過得多麼艱難。在這樣的家庭中，婆婆負責「審判」，老公負責「執行」，兒媳婦每天都像是在「受刑」。

還有一種「媽寶男」，我稱之爲「生活不能自理型」。如果婆婆講道理，但老公毫無作爲，你就像是嫁給了婆婆，兩個女人拉扯一個家。對於婆婆來說，她或許養了一個好兒子，但對於你來說，老公只能算是可有可無的一個人。這樣的婚姻有什麼意義呢？

這種男人之所以聽媽媽的話，是因爲他需要一個人幫他把所有的事都安排妥當，自己就當個「甩手掌櫃」。如果你能成功地把老公的「監護權」從婆婆手裡接過來，那他就成了「妻寶男」，不但聽話而且顧家，既不會跟狐朋狗友鬼混，也不會勾三搭四，你就是他的一切。用一個英語單詞形容這樣的男人，就是 unable，意思是「沒有能力的」。這樣的男人不適合與「小女人」在一起，他們需要的是強悍的、能獨當一面的「大女人」。

不能接受大男子主義、性格比較強勢的女人，可以選擇這樣的老公，因爲如果這樣的女人找一個棋逢對手的人組建家庭，往後的日子只會是針鋒相對，二人各有各的想法，誰都想做主，誰也不會讓著誰，長此以往只會積累矛盾。

選擇這樣的「媽寶男」組建家庭會有點累，因爲你一個人要處理兩個人的事，扛起整個家庭的重擔，但同樣，你在家庭中會有很高的地位，也更有話語權。這也算是一種互補吧。

・婆媳關係的「三座大山」

「婆媳關係」是一個永遠都聊不完的話題。我對婆婆只有一個要求——不和我們住在一起，萬事大吉。

我的婆婆特別喜歡在沙發上鋪毛巾被、在陽台囤積塑料瓶和廢棄的紙箱。我剛懷孕時，曾和她在一起住過一段時間。我們有著截然不同的生活習慣，彼此之間也無法順暢溝通，比如，我習慣叫外賣，而婆婆對外賣深惡痛絕（很多老人都是如此）。我老公不在家的時候，她只給我做一道菜，因爲她覺得我吃不了多少，做多了也是浪費。

雖然我知道婆婆做的都是我愛吃的菜，也在盡心照顧我，但看著餐桌上那孤零零的一盤菜，我的內心還是有點一言難盡。

我和婆婆之間沒有什麼矛盾，但是這些日常相處的小事很難不讓人在意，日積月累，本來沒什麼仇怨的兩個人竟然成了「死敵」。距離產生美，這句話在婆媳之間簡直是至高無上的眞理。

除了生活習慣不同，婆媳之間的另一大矛盾就是帶孩子。

不論婆婆還是媽媽，幫忙帶孩子是情分，不幫是本分，畢竟孩子是夫妻倆的孩子。有很多父母曾在子女沒有孩子時誇下海口說：「生了你們就不用管了，我們出錢出力。」等到孩子誕生了，他們卻發現自己根本應付不了哇哇大哭的孩子。

因此，備孕前一定要考慮清楚「未來誰幫忙照看孩子」這一問題。如果家中老人不能出力，那麼你們小兩口能不能出得起僱用保姆的費用。如果既不能出力，又不能出錢，那就要考慮是否需要夫妻一方全職帶小孩。如果以上這些方法都行不通，那不如先存點錢，過幾年再生孩子。

婆婆只要與你互不打擾，不照看孩子都可以，何況不給錢？

那些惦記著讓婆婆每月在經濟上補貼你們的女性，將心比心，我們在付出的時候，心裡其實也在默默地期許可以獲得回報，父母養育子女亦是如此。不要覺得婆婆幫襯自己的兒子就是天經地義，人們常說「己所不欲，勿施於人」，只要換位思考，很多在你看來自私的舉動，到最後也都能理解了。

凡事有利也有弊，婆媳相處亦是如此，遇到問題要先往好處想。婆婆不幫忙帶孩子、經濟上不接濟，都沒關係，要是她又帶孩子又給錢，到時候你想不聽她的建議都不行了。

很多兒媳婦和婆婆的矛盾就源於帶孩子，通常表現在育兒理念的分歧上。婆婆往往遵循的是老一套的養育方法，兒媳婦卻認爲很多老方法不科學。但我覺得，你要是需要婆婆幫忙，那就客氣一點，婆婆不會傷害自己的孫子或孫女，婆媳之間不過就是理念與方法有分歧而已。作爲兒媳婦，在老人遇到不懂的問題時要耐心告知，在一些細枝末節上，沒有必要吹毛求疵。

除了帶孩子，生孩子也是一道婆媳關係分界線。

懷孕期間可不可以大吃大喝？能不能養寵物？剖腹產還是自然產？能不能打無痛針？生完孩子要不要母乳餵養？

這些問題主要得聽醫生的意見，婆婆們就不要瞎攪和了。

有一些女性因爲生產與婆家鬧得不可開交甚至決裂。我非常同情當事人，對她們的無力感可以感同身受，那是一種「把命交到對方手上，卻發現對方不堪託付」的失望。還有一些女生遠嫁他鄉，娘家人不在身邊，容易受婆家欺負。但凡娘家人在身邊，自家人基本不會放任不管，所以大可放心去生。

至於產後如何帶孩子，這就需要你和你的老公「統一戰線」了，孕期就要跟他溝通好生產之後的種種問題。很多女性在這個時候搞不清重點，總是千方百計地想讓對方體會自己懷孕的艱辛、分娩的痛苦，認爲只有這樣做對方才會心疼自己。但很多男性並不能理解女性爲懷孕生產付出的一切，很難感同身受。至於生完孩子之後要如何養孩子、如何跟家人溝通，這些才是急需解決的問題。只有想清楚了這些要緊的問題，才有利於在矛盾出現時解決矛盾，維護好夫妻感情。

我有一個同學，她的婆婆總是直接推門進屋看她餵奶。她將這件事告訴了老公，下一次婆婆進來時，他直接把婆婆請了出去並鎖上了屋門。

所以，婆媳之間的一些問題是需要靠「隊友」解決的。如果把婆婆比喻為洪水，兒媳婦比喻為田地，那老公就是中間的堤防，要時時築堤，才能防止洪水來臨時田地遭殃。

生活中諸如此類的事情還有很多，要知道，「硬碰硬」只是下策，學會變通、舉一反三才是上策。

・和公婆一起住？沒必要

如果你的丈夫告訴你，婚後必須和他的父母住在一起，因爲他要盡孝，那我奉勸你，千萬別信這番話。

這是一個看上去充滿道義，但要是反對就會陷入不仁不義的圈套，因爲大部分男人只是想讓你給他的父母盡孝而已。

很多男人是這樣盤算的：一是可以讓媽媽看著老婆，以防她「造次」，畢竟大部分兒媳婦當著婆婆的面不會跟老公大吵大鬧，遇事大多選擇忍耐；二是讓老婆幫著孝敬媽媽，這樣自己就可以專注於事業，減少後顧之憂。媽媽有事找兒媳婦，不論是買東西還是看病，都有老婆幫忙照應，自己當「甩手掌櫃」就好了。如果媽媽和老婆鬧了矛盾，他們就會選擇多加班、晚回家，到家後再在車裡坐一會兒，聽聽廣播，抽根菸……

如果眞想孝順父母，爲什麼還讓媽媽幫你做飯、打掃房間？爲什麼要把事情推給老婆來做？

如果老婆不願意孝順母親，就把「孝道」二字壓在她身上，說一通冠冕堂皇、看似正氣凜然的話，但其實就是惱羞成怒。

不要自己欺騙自己。謊言就像裹著糖衣的藥片，糖衣在口中融化後，就會顯露出原本的苦味。

想要「盡孝道」，其實完全沒有必要非得和父母同住一個屋簷下。大部分男人其實就是怕麻煩，爲了躲避一個小麻煩，給自己惹一個大麻煩。一旦產生婆媳矛盾，受傷的不只三個人，也許還有你們的孩子。作爲父親、丈夫、兒子，請男人們承擔起應盡的責任，保護好妻子和孩子，照顧好長輩，而不是在其中和稀泥。

・結婚後如何和另一半順暢地溝通

結婚之後，我和老公經常吵架，彼此之間溝通不暢，這跟學歷的差距有關係嗎？可能有點關係。他文化素養不高，讀書不多，表達能力不強，經常口不對心。

有女性說：「我不理解老公的強詞奪理，一個男人怎麼能這麼沒有風度，連自己的老婆都不能讓著？這也太心胸狹隘了！」

其實，大部分男人真的沒有女人想像中那麼心胸寬廣。當你指正他的錯誤，他會本能地狡辯。很多女性將男人的粗枝大葉混淆爲心胸寬廣，其實他們不是不愛計較，而是想不到太多的細節。而女人正相反，她們特別關注細節。

以我自己爲例，結婚的頭兩年，我和老公幾乎天天吵架，如果遇到了解決不了的問題，他還特別喜歡把雙方家長都叫來。我當時覺得，這日子真的過不下去了。

爲了能讓我爸媽放心，我嘗試理解我老公的思維，試圖把矛盾消滅在小家庭範圍內。每次出現爭執的時候，我都會在冷靜下來後進行反思：這件事是不是我也有錯？那些話是他情急之下脫口而出的，還是另有含義？

有一次我們正在家休息，我讓我老公陪我去買奶茶。買的時候他就很不開心，結果買完後還要等半小時才可以取餐，這讓他徹底爆發了。

這在我看來只是很小的一件事，實在無法理解他爲什麼會發火。但是在他看來，好不容易休息一天，比起買奶茶、等取餐，他更想在家休息。我也很生氣，不過是買個奶茶而已，等半小時又如何？回家除了打遊戲，能有什麼事？

那一架我們吵得天翻地覆，可冷靜下來想一想，如果是我正躺沙發上舒舒服服地看電視劇，這時他非讓我陪他去買鴨脖子、鴨舌，然後再等半小時，我也會煩躁。

別人怎麼安排時間是別人的事，你不能把自己的意志強加在別人身上。

夫妻之間需要理解和包容，但沒有誰必須一味忍讓。不論何時，我們都要講道理，做到「己所不欲，勿施於人」。婚姻需要感性，也需要理性。

我現在已經養成了一個習慣——吵架之後站在對方的角度把引起吵架的事件重新梳理一遍。梳理完成後，我不但能夠從中意識到我的錯誤，還能找出對方面對的問題和難題，進而給出解決方案。此外，我還可以找到他的「禁忌」，有效規避，避免再次因同樣的問題發生爭吵。

有朋友說：「與其忍受爭吵，不如果斷離婚，再挑個稱心如意的丈夫不就行了？」

我也想過這種出路，但是離婚就萬事大吉了嗎？答案是否定的。

我們應該多發掘身邊人的優點，比如我老公雖然學歷不高，但他沒有因爲學歷低而自卑，更沒有因此而性格扭曲；他沒有眼高手低的壞習慣，不大男子主義。這些都是他身上的閃光之處。

用發現美的眼光看待身邊的一切，爲的不是別人，是自己。

・夫妻吵架了該怎麼辦

夫妻吵架了該怎麼辦？首先要做的就是冷靜下來，只有冷靜了才能思考。怒火心中燒，腦中想到的都是傷人的話，越琢磨對方說過的話越是火上澆油，最後連溝通的橋梁都被燒毀了。

如果能夠冷靜下來，那就意味著打開了一扇通向豁然開朗的大門。先告訴自己，對方說的都是氣話，人處在氣頭上，說話都會有些口無遮攔；接著，思考對方這樣表達的原因及其心理活動，站在對方的角度去思考；最後，反思自己平時是否存在做得不對的地方。透過以上一系列的步驟，你也許就能理解對方的行爲了。這麼做是爲了安撫自己，是爲了不因爲爭吵而誤解對方不愛自己。

很多人在爭吵的時候總想分出個勝負、壓倒對方，或者只有對方先低頭，才能證明他足夠愛自己。

這種行爲就像小孩需要大人哄一樣，究其原因，還是在於沒有足夠的能力給予自己安全感。

成年人要學會調整、控制自己的情緒，不要讓負面情緒影響了自己的生活。

大部分家庭其實面對的問題都是一樣的，本質上就是男女思維差異導致的溝通不暢。而這種差異似乎是天生的，很難改變。

除了夫妻相處，我們也要用這樣的思維應對工作，不只是爲了體諒他人，更是爲了疏解自己。

何況適當體諒他人也不是錯。包容別人，其實也是在包容自己。越和對方較勁，最後越可能兩敗俱傷，落得不歡而散。

有時，我們要試著從「上帝視角」看問題。我並不是在建議你站在道德制高點俯瞰眾生，而是希望你能看到每一個人的苦楚，體諒每一個人的不易，進而學會包容，越包容就越看得開，越看得開，眼前的路就越寬闊。

心若豁達，路就通暢。

不如減少抱怨，努力追尋生命中那些美好的事物。

・朋友和配偶哪個更可靠

什麼是朋友？每個人都有各自的定義。

共同經歷過風雨的是朋友——有可能是同學、同事、創業夥伴；志趣相投的是朋友——兩個人都喜歡小說，喜歡同一個偶像明星，都喜歡打籃球，久而久之成了朋友；同病相憐的是朋友——可能是家長群裡孩子都被老師批評的兩位學生家長，也可能是班裡兩個都被老師請家長的學生……

我們可能會出於很多原因和另一個人成爲朋友，但隨著年齡的增長，我逐漸發現，大部分朋友最終都會變爲「酒肉朋友」。

成年人的世界裡有太多的利益糾葛和無可奈何，最後能約出來吃頓飯的就可以算得上是朋友了。你也不要指望朋友能幫你什麼，能陪你吃頓飯就不錯了。

朋友眞的比伴侶可靠嗎？總有女人嘴硬，說自己可以跟閨密過一輩子。但很少有男人說要跟自己的兄弟過一輩子，因爲他們知道，兄弟能做的他也能做，他不會的兄弟也不會，兩個大男人在一起生活，有什麼意思？

婚姻給女人帶來的是安全感，不僅有向內的精神上的安定，更有向外的安心，比如，讓你走夜路時覺得安全，受委屈時有人爲你撐腰。

很多女人總是想得太天眞，和你有法律支持的配偶、有血緣維繫的孩子都不一定能指望得上，憑什麼覺得朋友就能對你終身負責？而且你和朋友都有各自的朋友，如果你們兩個眞的住在一起，那是否要像伴侶一樣做彼此的唯一呢？

總有女人跟我說要「不婚不育度過餘生」，那麼我想問她：朋友之間就不會膩嗎，朋友之間就不會有矛盾嗎，朋友就一定靠得住嗎？

找個男人結婚讓你生氣，找個閨密搭伙也未必稱心如意。人與人相處就會產生問題，那爲什麼不選擇一個互補的另一半呢？

或許你還會說：「跟朋友可以互相扶持，還不用承擔生育風險。」那麼，一個人死了之後，還活著的那個人該怎麼辦呢？

或許你又有了新的朋友，還可以選擇入住養老院，但現在單身人口數量不斷增長，但凡能在年輕的時候找到志同道合的另一半，也不用老了跟其他人湊合。你年輕的時候吹毛求疵，沒人能符合你的擇偶要求，老了讓你社交，你能行嗎？

小時候，兩個人玩得好、有得聊就能成爲朋友。長大後，隨著人生經歷的不同、收入的不同、所處的人生階段不同，交朋友變得越來越難，甚至以前關係很好的朋友，現在也只剩下表面和平了。

借錢，則是一件每個人都不願意遇到的事。

我找朋友借過錢，但被拒絕了。

我們曾是特別好的朋友，相識了十幾年，比和各自老公認識的時間都長，從小到大，一起經歷了很多事。我們曾因對方遭受不公平待遇而義憤填膺，也曾因受了同樣的委屈而抱頭痛哭。

但是我們長大了。

被她拒絕的那一次，我不止找了一個朋友借錢。猶記得自己當時的處境眞的非常艱難，現在回想起來仍舊會覺得頭皮發麻。但是比沒錢更可怕的，是沒有朋友願意向你伸出援助之手，甚至連最親近的人都拒絕了你的求助。

那種委屈、憤怒、心寒和不甘，給了當時陷入絕望的我當頭一棒。但日後想來，也實在沒有理由責怪這位朋友，因爲誰也不願僅靠「信任」二字，就把自己的積蓄借給他人，誰也不願礙於朋友這份情面給自己找麻煩。

千萬不要對他人提出太高的要求，法律上，你的朋友沒有幫助你的義務。

可是你的配偶有。

我跟老公剛結婚不久，我家裡做生意就賠錢了，全家人只能想盡辦法籌錢還債。我家把我和我老公投資買的一間小公寓抵押了，雖然我和我老公一人出了一半首付，但是他當時並沒有拒絕抵押這套房產，而是很痛快地答應了。之後我們又借了信用貸款，一筆又一筆地給家裡填窟窿。

最後出於一些原因，錢還是無法還清，只能用一間房子來「抵債」。這間房子本身還有貸款，我們前期借出去的錢相當於這間房子的首付，而尚未償還的貸款我們還要繼續償還。

但以我們當時的經濟能力，每月的收入根本覆蓋不了這間房子的貸款，我們的生活節奏因此被完全打亂，每個月要做的，只有償還貸款。

我老公賣掉了自己名下的一間房子，將所得收入投到了我這間要還房貸的房子裡，這就相當於把他的資產直接劃到了我的名下。

就算這間「抵債」的房子比他自己的那間房子好，能夠改善我們的居住環境，但是畢竟這間房子的房產證上寫的是我的名字，萬一我們以後的感情有了變數，我能否自覺地把他投入的錢如數奉還？我們會不會因為這筆錢而鬧到打官司的地步？

但我老公並沒有想這麼多。但凡對我多一點防備，他都不會那麼痛快地做出這樣一個決定。換位思考，如果這件事發生在他們家，我覺得我做不到像他對我做的那樣。

所以我非常感激我的老公，感激他在我最艱難的時候向我伸出了援助之手，讓我知道這一紙婚書的意義與作用，至少比口說無憑的赴湯蹈火有用。

成年人每天都很忙，不忙的時候就想自己待著喘口氣，哪有那麼多精力應付各種複雜的人際關係？所謂的朋友，彼此的友誼都只靠年輕時積攢下來的情分和僅剩的一點「三觀相投」來維持，如果不是同病相憐，有些話又不便和不熟的人傾訴，誰會時時刻刻和朋友聯絡呢？

人在社會中扮演著各種角色的同時，也需要和其他各種角色相互配合。你需要另一半和你一起面對生活中的大事小情，需要孩子爲你的未來幫一把手，需要和同事在工作中協同合作，需要父母做你的靠山和精神支柱，需要偶爾和朋友一起喝喝酒，傾訴胸中塊壘。

跟朋友過一輩子，本質上和伴侶過一輩子沒什麼太大的區別，彼此之間都要互相適應、互相磨合，而後者明顯可以帶給你更多的保障，看上去是一個更可靠的選擇。

如果你沒能遇到可靠的伴侶，那就另當別論。但我認爲，雖然婚姻有種種弊端，但它依舊是一個相對更好的選擇。很多人在離婚之後選擇再婚，這也在一定程度上證明了有時候我們眞的需要另一半。

・婚姻中「女強男弱」怎麼辦

有一些發生在夫妻之間的駭人聽聞的案件，很多都是「女強男弱」（至少女方的經濟條件比男方的好）造成的。

爲什麼會出現這樣的情況？爲什麼有的男性會對自己的枕邊人恨之入骨，甚至起了殺心？是不是所有「女強男弱」的婚姻都無法善終？

我不贊同僅憑幾個案例就「一竿子打倒一片」，否定所有「女強男弱」的婚姻。當然，我也不鼓勵各位僅憑「他對我好」就忽視門當戶對的重要性。

悲劇產生的很重要的一個原因，在於男人要面子。他們一方面希望找到條件優秀的伴侶，另一方面又放不下作爲男性的尊嚴。

在與比自己條件好的女人交往的時候，男人心中不能「吃軟飯」的想法會被不斷地加深、放大，且為了減輕自己的負罪感，他們會不斷地從女人身上找問題，給自己催眠——她其實並不比我優秀。

於是，這樣的男人總會覺得妻子凌駕於自己之上，在外界感受到的每一分惡意，他都會記在妻子身上，繼而對妻子及她的親人產生不滿甚至恨意。他會覺得，妻子對他的好都是用他的尊嚴換來的，只要抓住機會，自己一定會把妻子踩在腳下，甚至想讓這個見證過他落魄模樣的人從這個世界永遠消失。

當然，不是所有「女強男弱」的婚姻都一定不幸福。如果男方是一個性格陽光、不愛斤斤計較且沒有世俗偏見的人，他不會覺得做「家庭煮夫」就低人一等，而是從心底認同男女平等，夫妻不過是在擅長的領域各司其職。與這樣的男人結婚，那婚後就不會有太大的問題，畢竟不是所有男性都有很強的事業心，戀家、顧家是優點，不用給他們冠上不上進的標籤。

所謂門當戶對，就是夫妻二人之間的社會地位和物質條件不能有太大的差距，否則在日常的相處中，雙方很可能會出現巨大的分歧。以我爲例，我和我老公只會因爲「買幾個包」而吵架，不會因爲「買包」這件事而爭吵，但如果我們之間各方面的差距都太大，別說買包，可能買個包子都要吵。

如果夫妻雙方既不門當戶對，男方的性格還極度敏感自卑或自負自大，對待這樣的婚姻，就更要謹慎。如果他敏感自卑，你的光鮮亮麗會刺痛他每一根脆弱的神經。如果他好強且自負，你優秀的家庭條件就會給他帶來巨大的心理落差，讓他變得扭曲。在他眼裡，你不是家中的頂梁柱，而是壓在他身上的一道梁。

網路上充斥著各種關於婚姻的負面新聞，很多人因此扭曲了自己的婚姻觀。在此，我有幾點必須提醒大家。

第一，父母不讓你嫁的人要三思。很多女性認爲，父母把女兒當成了斂財工具，所以才不同意她找條件不好的對象。我無法苟同這種觀點。這世界上多數的父母愛自己的孩子勝過一切，他們所做的一切都是爲了孩子可以擁有幸福的人生。

第二，娘家永遠是除了自己之外最強大的依靠，永遠不要爲了一個男人讓自己眾叛親離。如果女婿在婚姻中觸及了原則性問題，作爲長輩一定要保持清醒，不能讓女兒爲了維持這早已支離破碎的婚姻而一味地忍耐。結婚就是爲了與另一半相互扶持、共度餘生，如果有一方已經無法兌現婚姻的承諾，那還有什麼可留戀的呢？

第三，經營婚姻其實並不難，不外乎「抓大放小」。很多女人喜歡在雞毛蒜皮的事上斤斤計較，可遇到大事的時候又拿不定主意，甚至做出一些只感動了自己的舉動。

第四，我從來不相信愛情能戰勝人性，也許這樣的愛情是眞實存在的，但一定鳳毛麟角。如果在青年或中年時喪偶，多數人會選擇再婚，尤其是男人。愛的存在本身就是以人的存在爲基礎的，因爲見面三分情，你在我身邊，我會慢慢地習慣你的存在，當你離開了我，我自然會難過，可我也能慢慢地習慣沒有你的日子，逐漸淡忘我們之間的一些回憶，時間眞的可以沖淡一切。

・少想想愛情，多想想人情

結婚究竟是出於什麼目的？很多女性以為，結婚之後每天都能享受甜甜的愛情，但其實，這種想法是不切實際的。如果婚姻裡沒有愛情，互不喜歡的兩個人是不是也能湊合著一起過日子？其實，婚姻是包含愛情的，但愛情只是婚姻的一部分。

「單身保平安」的前提是你足夠強大，強大到可以自己一個人走下去。有一些女孩看似強勢，但她的內心遠沒有表現得那麼強大，她其實也需要一個可以在搬家的時候幫她扛行李、幫她換燈泡、下雨時幫她疏通排水管的人。

如果你和我一樣，想找一個能夠跟你取長補短、攜手共進的人，那我建議你把婚姻當成一個長期項目去執行，而不是抱著找「長期飯票」的目的，靠男人而活。如果你想把婚姻經營好，最好少想想愛情，多想想人情。

婚姻說難也難，說簡單其實也簡單，不外乎人情世故。你可以將自己看作商業合作中的甲方，將另一半看作乙方，考察他是否可以提供你需要的東西，如果你的物質條件一般，那就看對方能不能給你提供充足的物質保障；如果你性格軟弱、不夠獨立，那就看對方能不能成爲可以讓你依靠的肩膀。

需要注意的是，乙方通常無法滿足甲方太多的需求，因此在婚姻中，我們不能對另一半提出過多的要求，即便他是「千手觀音」，也力有不逮。

婚姻是一個長期合作項目，不要總想著更換乙方。在滿足了自己的核心需求之後，你需要做的是設定階段性目標，比如，如果談戀愛時的階段性目標是在三十歲之前結婚，那就可以把三十歲設置爲一個時間節點；如果婚後的階段性目標是生孩子，那就想好是自己帶孩子還是請人幫忙，如何與照顧孩子的老人相處，自己是否願意爲了孩子放棄工作，僱用保母的話有沒有足夠的錢……想清楚這些問題，然後等錢款到位，就可以啓動項目（備孕）了，一年多以後項目落地（生子），設立的階段性目標就算是完成了。

如果你覺得這樣很累，那我告訴你，人活著沒有不累的，結婚有結婚的麻煩，不結婚也有不結婚要面對的問題，所以一開始就想清楚自己要走哪條路就可以了。做出決定後，只要把需要做的事列出來，其實就已經算成功一半了。除非遇到「極品渣男」，婚姻的幸福指數在很大程度上取決於女性。你完全可以做婚姻的主導者，千萬別讓自己成爲怨婦。

・婚姻是「生意」，另一半是「合作夥伴」

人們經常說：「女人要做賢妻良母。」但我認爲，賢妻和良母這兩個身分針對的其實是同一個人，那就是你的另一半。

我猜很多女性一聽到要給男人「當媽」，立刻嚇出一身冷汗，別緊張，我的意思是，母性是女人與生俱來的特質。所謂「母性」，並不是說女人要當伺候男人的老媽子，而是指女人要培養男人，這對女人、對共建和諧家庭都有幫助。

爲什麼很多未婚女性覺得已婚男性成熟有魅力？其實在這背後，他們的妻子功不可沒。男人之所以能成長，一定程度上歸功於在婚姻中的磨煉和另一半的熏陶，各位女性切不可惦記別人的「勞動成果」。

婚姻就像一樁「生意」，另一半則是你的「合作夥伴」。你要知道自己經營婚姻的目的是什麼，需要付出什麼才能得到你想要的東西，而不是稀里糊塗地愛。有一部分人對婚姻有愛的期許，還有一部分人對婚姻沒有愛的要求，他只是想找一個實力相當的「合作夥伴」，共同創建一段穩定的婚姻關係。對這種人而言，他對另一半的面面俱到更多的是基於合作的禮數而非愛意。他也不是在和你演戲，只是做了他認爲在一段「合作關系」中自己應該做的事而已。如果你們透過初步「合作」，形成了牽絆（比如孩子），那你們的關係就更進了一步，從「普通合作夥伴」升級爲「戰略合作夥伴」，牽絆就相當於你們共同注資的項目，這個階段的夫妻雙方可以算是「一榮俱榮，一損俱損」。不止婚姻關係，你想和另一個人建立任何一段穩固的關系，利益捆綁都很重要。

・當隨遇而安遇上邏輯計畫

我是一個計畫性極強的人，做任何事之前都要做好計畫，因為計畫給我帶來安全感。我通常會在每天晚上把第二天要做的事列出來，月有月計畫，年有年計畫。我還有列清單的習慣，比如，我已經買了幾個包，還想要買什麼包，我會把這些資訊都列成表格。對於我來說，不存在「說走就走的旅行」，每次旅行前，我都要花費至少一個月的時間做攻略、訂酒店；到達目的地之後，我會把每一天的詳細安排都一一記錄在我的本子上。

是不是聽上去有點令人窒息？但我一直認為，有計畫才有未來，任何事（包括旅行）都是如此，只有事先做好計畫才能圓滿。

而我老公則是一個對任何事都沒有計畫、保持開放的態度、隨遇而安的人。

寫到這裡，我才突然發現我們是如此互補。

比如，我們的性格互補，我是一個內向的人，而我的老公偏外向。假如我內向，他也內向，在相親的時候，我們可能都掛著一張冷臉，在內心默默祈禱——求求你了，先說點什麼吧。這樣的場面想想就很好笑。

如果我們都是邏輯思維較強的、偏理性的人，那我們的生活大概要過成一場又一場的辯論賽了。正因爲我們中間有一個人是偏感性的，每次的爭吵才會因爲顧及夫妻間的溫情而停止。

如果我們都是非常有規劃的人，那到底是執行我的計畫還是執行他的計畫呢？

所以我認爲，最好找一個與你互補的伴侶。如果雙方「勢均力敵」，各方面都非常相似，往往會把日子過得針鋒相對。婚姻其實是一個不斷妥協的過程，雙方在這一過程中變得更理解、包容對方，這其實也是放過了自己。

沒有人會一直愛一個人，我們只不過是不斷地愛上同一個人。

我們要先瞭解自己，然後才能找到適合自己的道路。越早找到適合自己的道路，你的人生越有可能獲得成功。在我的職業生涯中，大部分時間我都在憑藉著自己的喜好去摸索適合自己的道路，所幸最終的結果都與我預想得沒有太大偏差，雖然適合我的職業並不是我喜歡的職業。如果你喜歡的東西是你完全不適合的，這不但會帶給你很大的挫敗感，還會讓你離璀璨的人生路越來越遠。

不論是選擇伴侶還是工作，適合自己的眞的比自己喜歡的更重要。

生活沒有小說中描繪得那麼唯美，但它能帶給你的遠不止唯美這一樣驚喜。你喜歡的東西可能是天上星、鏡中花、水中月，雖然值得欣賞，但你窮盡一生可能都無法得到它們。適合你的才是那個和你密切合作的齒輪，你們寸寸咬合，一定可以勁如疾風。

‧過日子，少些分析，少些計較

我是一個堅定的「結果主義者」，在我的人生信條裡，我一直堅信結果大於過程。對於一個重視結果的人來說，最大的折磨就是等待，所以在我上學和工作的時候，我最不喜歡的就是團隊合作。

因為合作就意味著要來回拉扯、互相磨合，然後就是等待，等對方完成任務，再將任務交回你手裡，如此循環往復，簡直是要命。

不，是要了我的命。

在寫研究生畢業論文的時候，我們可以選擇團隊合作或獨立完成。周圍很多同學都選擇了與他人合作，畢竟對於母語非英語的我們來說，用英語寫一篇論文有很大的難度，分工合作能夠大大降低工作量，何樂而不為呢？

可是我不行，與人合作是我的弱項，我寧願一個人承受寫論文的痛苦，也不願意承受跟合作夥伴來回拉扯的痛苦。每個人都有自己的行事方法，我不能要求所有人都照我的方法做事，而採用不同的方法所產出的結果一定是不一樣的，有的你能接受，有的你不能接受。

與其如此，還不如自己一個人。

這一點在婚姻裡同樣適用。當我們面對婚姻裡的一些問題時，少計較反而能獲得幸福感。比如，你明知道對方是個粗心大意或做事拖拉的人，那就不要一邊讓他做事，一邊指責他做得不好、做得太慢，要記住，「用人不疑，疑人不用」。作爲情感類題材博主，我經常會收到一些女性的諮詢，她們向我抱怨老公不做家務，我每次都會這樣回覆她們：「如果你覺得家裡實在過於髒亂，那你就去打掃。你丈夫可能有較強的『忍耐力』，很難意識到家裡環境的髒亂，你不能要求對方事事都按照你的標準執行。」

但總有想不通的女性反駁我：「家是兩個人的，我打掃了他不也享受了『乾淨』這一結果嗎？」

過日子要是這麼斤斤計較，那只會帶來永無止境的煩惱。

婚姻是一個「合作項目」，良性的「合作」，是每個人在自己擅長的領域做好分內的事，而不是一定要和「合作夥伴」共同完成某件事。

當然，我絕不是在勸大家不要結婚。我發現很多年輕人其實是非常單純且熱血的，在他們眼裡，世界永遠非黑即白。但其實，許多事都需要我們做出選擇，能夠把握好「分寸」的人才是強者。真正的勇士敢於直面慘淡的人生，適應生活才能改變生活，適應規則才能打破規則。

如果你真的心懷抱負，那就請從小事做起吧。

・婚姻就是在各種關係中找到平衡

不結婚就能避開所有的麻煩嗎?

答案必然是否定的。

上學時,我們需要處理和老師、同學的關係;工作後,我們需要處理和領導、同事的關係。人作爲群居動物,時時刻刻都要處理各種各樣的人際關係。

婚姻是人類的必修課,它能幫助你更好地理解各種關係。養兒方知父母恩,有了孩子後才知道父母的辛勞,因此也能對其他的老人懷有敬畏之心;有了孩子後才知道孩子對父母來說有多重要,因此才能對其他的孩子產生憐憫之心。

家庭對於大部分人來說是第一驅動力。古人云:「成家立業。」很多人都是在成家之後才懂得要爲了家庭而努力奮鬥，只有感受到肩上承擔的責任，才能不斷地督促自己前進。我們也許不是偉人，但平凡的我們做著平凡的事情，這就是偉大。

這世上沒有絕對的自由，只有相對的自由。婚姻在一定程度上就是一種受約束的自由。比如，有了孩子後，我們開始早睡早起、認眞吃飯，不知不覺間生活作息也變得規律了，看上去好像不那麼隨心所欲了。如果奉行絕對自由的原則，想幾點睡就幾點睡，想幾點起就幾點起，一日三餐想吃就吃，想不吃就不吃，身體也許很快就會反映不健康的信號。

一些青年男女有著「一身反骨」，他們認爲，不結婚成家，就能有大把時間經營自己。但我見到的大部分單身到老的人根本沒有努力充實、經營自己的人生，很多時候只是沒有目標地虛度光陰。

所以不要自欺欺人，不要因爲自己沒有找到符合心理預期的另一半，就用「反正結婚也很累」來自我安慰，這樣做的結果往往只是耽誤了自己。

如果對感情、婚姻、家庭有渴望，或者並不排斥，那麼我建議你早一點找對象，越早越好。四十歲是人生的一道分水嶺，很多人的觀念在四十歲之後會發生重大改變，我的一個朋友就曾跟我說：「四十歲之前從沒想過要孩子，但四十歲之後，突然就非常想要一個孩子了。」

婚姻已經是普通人能經營好的最簡單的關係之一了。如果你覺得經營婚姻很累，那別的事情於你而言只會更難。

大家一定要明白自己在婚姻裡的核心訴求是什麼，抓住主要矛盾，適當忽略其他不完美的地方，這樣才能把日子過好。

還有個女生曾跟我訴苦，她遇到了一個沒有長大的「寶寶男」（不是「媽寶男」）。她當初爲什麼選擇了這個人呢？因爲她看中了這個男孩優秀的家庭條件。

你選擇了某一個人，就是因爲他可以滿足你的核心訴求。

這個女生當時一定考慮到了男孩的家境可以保證日後溫飽不愁，那結婚的時候就看重這一點就好了。你要明白，自己看中的不是他脾氣好、有擔當，不是他聰明、能幹、會賺錢，而是他家裡條件不錯。

那爲什麼有的人會覺得日子越過越不平衡呢？可能是因爲婚姻中產生了實質性的問題，也有可能是因爲婚後想要的東西不一樣了，比如，婚前希望另一半努力賺錢，婚後又嫌他整天忙工作；婚前他對你好得沒話說，婚後又嫌棄他賺得不夠多。

不知足，所以不快樂。

在明確自己的核心訴求之後，我們可以根據它調整策略，見招拆招，這樣才能成爲婚姻裡的主導者。如果你是「強勢型選手」，那就找個能賺錢養家的人，相信他絕對不會事事被你左右；如果你是「依賴型選手」，還偏要找一個「媽寶男」，你要他如何爲你遮風擋雨？

所以，我們既要看到另一半的優點，又要看到缺點。明確核心訴求的同時，還要知道自己的底線在哪裡。想清楚這一點，在最低期待值與最高期待值之間調整二人的關係，調整的過程就是主導婚姻的過程。

誰先知己知彼，誰先找到調整的方法，誰就是贏家。

PART 4

當媽後的「步步驚心」

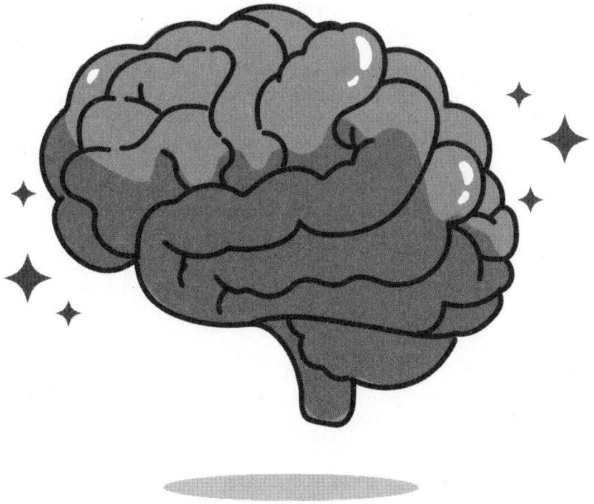

・當媽之後，一點小事都會讓人崩潰

我自認為是個很堅強的人，可是當媽之後，一點小事就能讓我崩潰。

我很「佛系」，不指望孩子能取得多優秀的學習成績，只希望她每天放學回家後能安安靜靜地吃飯、看電視，然後踏踏實實地洗澡、睡覺，這對我來說，就是最大的「母慈子孝」了。

我女兒是個話癆，她每天早上一睜眼，就開始劈里啪啦說個沒完。大人說話的時候，她還特別喜歡插嘴，一定要「刷」存在感和參與感，比如，我和她爸爸聊單位的同事她就跟我們聊她的同學，如果家裡來了客人她一定要把寫的字拿出來給客人展示。

小孩眞的是一種非常需要大人陪伴和肯定的生物，他們時時刻刻都想被人關注。

可我不想關注我女兒，我只想安靜地待著。夜深人靜的時候，看著老公和孩子的睡顏，我的呼吸放鬆了下來，新陳代謝也加快了——就是這麼誇張。

因此，我一度覺得自己特別不適合做媽媽，尤其是看到別人家一片和諧、我家卻是雞飛狗跳的時候。我自責過，覺得對不起孩子，也崩潰落淚過，覺得對不起自己。

前些日子，我在看電視劇《小捨得》，最讓我佩服的，就是劇中的媽媽們在下班之後還能給孩子做飯、輔導作業、哄睡，甚至還有時間練瑜伽。

她們都是超人嗎？還是我太「廢柴」了？

單說哄睡這件事，就足以令很多媽媽崩潰。

我女兒從月子裡就不愛睡覺，幾乎二十四小時「掛」在我身上，只要把她放下來，她一定會醒。我看著她睡覺，內心在提心吊膽地數時間，看她能不能堅持超過一小時。有時候她半小時就醒了，我的心態立馬崩潰了。

剛生完孩子，我的身體非常虛弱，身旁還有一個精力充沛的「小怪獸」，不眠不休地跟我「死磕」，你說可怕不可怕？

到現在為止，睡覺也是她的一個大問題，只要午睡了，就能「待機」到半夜。

她讓我給她講故事，故事講完了，她卻不睡覺，要嘛胳膊癢，要嘛腳丫疼。哄睡無果，我便厲聲警告她：「再出聲音就給你扔出去。」

現在，我把睡覺設置為限時任務，我把她安置到床上，命令她在我洗澡回來之前必須睡著。

「學渣」不可怕，「睡渣」才可怕。

除了不愛上學、不愛睡覺但酷愛說話以外，我女兒還有其他的壞習慣，可謂是一個「臭毛病集大成者」。

她愛亂吃東西，什麼都想嘗一嘗（包括自己的手），爲此我帶她去過幾次醫院，做血液檢測、微量元素檢測，還給她補鐵、補鈣、補鋅，因爲鉛高，我還買了杞棗口服液給她喝……

她「沒出息」，拿到好吃的東西要藏在桌子下面吃，生怕有人跟她搶。蒼天可鑑，我從來沒有在吃上委屈了這位「小祖宗」，但她就是特別饞，不好好吃飯，就愛吃零食。

她注意力不集中，不論上什麼課都一樣。你和她說話的時候，她的思緒早就飄到了千里之外。你跟她生氣，她還覺得委屈。我批評無果，她還越來越焦慮，完全不知道自己錯在哪兒了，一說她她就絞手指。

很多人會說：「這是孩子的早期教育沒做好。」我個人覺得，這其實跟教育沒什麼太大關係，「哄睡大法」不是對每個孩子都有效，有的孩子天生就挑食……曾有個媽媽覺得孩子不愛吃飯是因爲自己做的飯不好吃，後來當她看到自己的侄子狼吞虎嚥地吃下她做的飯時，這才明白，原來對於有的孩子而言，什麼山珍海味都不對他的胃口。

有一次，我女兒跟我說她想結婚，我用開玩笑的語氣問她爲何小小年紀就想結婚，她的回答卻讓我笑不出來。

她說：「我想離開你。」

眞讓人難過，你在給小樹修剪枝椏，小樹卻在想怎麼才能連根拔。

所以我努力地改正自己，並跟老公一起互相監督，努力成爲溫柔的爸爸媽媽；如果做不到，至少做一對情緒穩定的父母。

在「當父母」這條路上，所有人都是摸索著來的，就像夫妻相處一樣，需要互相磨合。我們唯一能做好的準備，就是與孩子共同成長。我們當然可以請保母來分擔照看孩子的重擔，這是一個很實際的做法，有人可以在你忙不過來的時候幫忙照顧孩子的日常起居，把各種瑣事打理得井井有條，這樣你就不會因爲難以平衡工作和家庭而情緒崩潰，繼而把壞情緒發洩在孩子身上。即便如此，保母也不能完全代替母親，你在孩子身上付出的一切他都看得見，並且一定會在日後有所回報。

做母親始終要身體力行，我身邊很多僱用了保母的母親仍在堅持陪孩子睡覺、帶孩子玩耍。

人活一世，要學會面對。孩子是人生中至關重要的一課，對你和你的另一半都是如此。

凡事各有利弊，我們要坦然面對。

我或許不是一個有耐心、懂教育的媽媽，但我一定會做孩子的後盾，讓她在今後的生活裡有後悔的底氣和重選的勇氣，不聰明但善良，不成功但堅強。

這是我跟她一路走來的所思所悟和自我治癒。

‧當媽就不能有「少女感」了嗎

最近我發現了一個非常奇怪的現象：大家對「成爲母親」這件事有很大的誤解，好像只要成爲母親就意味著老了。剛剛生完孩子的女明星出現在公眾面前，所有人都會對她評頭論足，不是說「眼角皺紋深，臉頰肉下垂」，就是說「眼睛不夠亮，狀態不夠好」、「比以前憔悴了、疲憊了」。

我認爲，女明星的狀態沒有問題，有問題的是大眾的心態。人們有自由選擇是否生育，但請不要給母親冠以某些特定的標籤。每個人都有很多面，我們不能因爲其中的一面就給一個人定性，能者不一定就要多勞，當了母親不一定就要操心到老。

人當然都會變老，但這只是生理意義上的變老，不是由身分轉變帶來的。當社會輿論開始轉向「當了媽媽就會老」，這將是很可怕的一件事。這種說法不僅不尊重每一位母親，還會讓未婚未育的女性產生焦慮，更有可能影響國計民生。

當然，很多媽媽會有這樣的想法：當了媽媽之後需要時刻想著孩子，操心的事情多了，留給自己的時間少了，自然會變老。

我認爲，當了母親，更要有一個積極向上、年輕樂觀的心態。新生命的降臨不是在將女性推向深淵，而是在引領女性步入全新的人生階段，與孩子共同探索出一條健康的親子關係之路。既然是共同成長，就要盡早拋棄「我老了」的心態，這既是對自己的「解放」，也是對孩子的「解放」。

另外，我也希望社會可以對帶孩子的媽媽更寬容一些，而不是以「素質」二字捆綁她們。一個媽媽帶兩歲的小男孩進女廁，一個年輕女生和這位媽媽發生了口角，她不太能理解爲什麼要讓男孩進女廁，在她眼裡只有兩性之分，卻不知道兩歲的孩子尚沒有自理能力，媽媽根本不放心讓他一個人去上男廁。

不親身經歷，永遠不會感同身受。所謂隔岸觀火，近了尚且能感受灼熱，遠了也只能算是看了一場事不關己的熱鬧罷了。

我經常一個人帶女兒出去吃飯，鄰桌的陌生人曾多次對我們投來厭惡的目光，雖然我女兒並沒有做出任何不禮貌的舉動，甚至有一次，在我們落座之後，旁邊的女孩邊看著我們邊 跟她的男朋友說：「我是不會生孩子的，你要是不接受就趁早找別人吧。」我呼籲大家：請不要因爲網路上個別「熊孩子」的案例，就對孩子產生群體性厭惡。我們的社會需要包容之心，希望大家可以以平常心看待「媽媽」這個身分，正視婚姻制度，也正視自己，不要被網絡上一些斷章取義的言論影響了「三觀」。

•保護孩子：害人之心不可有，防人之心不可無

不論你是青春年少的女孩或男孩，還是已經生兒育女的爸爸或媽媽，都應該時刻謹記：害人之心不可有，防人之心不可無。

單純沒有錯，但過分單純或者把自己的孩子保護得過分單純，那就不是什麼好事了。我並不是在宣揚「受害者有罪」論，要知道有太陽的地方就一定有陰影，世間有好就一定有壞，不存在「不心存警惕也絕對不會被傷害」的理想王國。因爲有紅綠燈，所以過馬路的時候就可以不看往來的車輛了嗎？

我女兒剛剛五歲，從動畫片裡瞭解了這世上有好人和壞人。社會上存在著很多缺乏道德的人，有很多灰色地帶和陰暗面，我們不應該用寶貴的生命去以身涉險。

如果明知山有虎還偏向虎山行，心存僥倖，這樣的人受到傷害不值得同情。常

在河邊走，哪有不溼鞋？

天下沒有免費的午餐，我們都應該少點浪漫，多點現實，不要總想著透過捷徑獲得成功。誰都有追夢的權利，但追求夢想和實現夢想之間隔著的那條路不是想入非非，而是腳踏實地。

・我不為難孩子，也請孩子別為難我

我做不了母嬰類題材博主，因爲我家孩子是「放養」的。

母嬰類題材博主需要教給媽媽們很多育兒知識，比如嬰兒餵養方面的知識，怎麼給孩子做撫觸操、如何應對新生兒猛長期、該準備什麼樣的副食品、選擇什麼樣的益智玩具和幼兒讀物；等孩子年齡再大一點，他們還要傳授給各位媽媽選擇早教機構和幼兒園的相關知識與經驗。

對於如此繁雜的內容，我實在沒有什麼經驗可拿來分享或供大家參考。我不執著於母乳餵養，也從來沒給孩子做過副食品，所以我可能無法和因爲這些事產生困擾的媽媽們產生共鳴，也無法給她們提供太多幫助。

雖然我和很多媽媽一樣，也接受不了孩子天天跟在身後「媽媽、媽媽」地喊，但是我又和大部分媽媽不一樣，因爲我並沒有把孩子的許多瑣事放在心上。

我的原則是，只要孩子不打擾我，我絕不會因爲孩子爲難自己。當然，我也盡可能不爲難孩子。

我女兒滿月時就斷母乳了，因爲我覺得母乳餵養對媽媽來說太過痛苦，爲此我還在網路上發表了一篇題爲《母乳餵養是一場全民性質的道德綁架》的文章，果不其然被網友罵了，其中很多持反對意見的都是媽媽——顯然她們不排斥母乳餵養。這讓我產生了一個疑惑：爲什麼有些媽媽一邊以「犧牲」自己爲榮，一邊又吐槽孩子煩人，還要罵孩子爸爸什麼也不管？

母親能給孩子的並不只有母乳。母親是一個家庭的靈魂人物，母親快樂全家都快樂。只有家庭幸福了，孩子才能身心健康地成長，這比什麼副食品都有營養，比什麼早教都管用。

有些女人，她們無私奉獻，擅長「自我感動」，對孩子和另一半都抱有很高的期望，卻常常得不到想要的回應。談戀愛的時候，她精心爲男朋友準備了禮物，可是男朋友卻連她喜歡的蛋糕口味都不知道；結婚以後，不論老公多晚下班，她都堅持等他回來再吃飯，自己餓得頭昏眼花。有了孩子後，她堅持用「最好的」母乳餵養孩子，卻發現孩子根本不吃，反而更喜歡喝奶粉。相信很多媽媽都會因此崩潰大哭，覺得自己很委屈。

「我已經這麼努力了，爲什麼你就不能聽我的話？」

但其實，這不過只是爲人母的自我感動而已。我們把自己的意願強加給孩子，如果孩子不接受，我們便難以接受付出卻得不到結果的事實，繼而顧影自憐。

從孩子出生的那一刻起，母親們就繃緊自己的神經，勞心費神，出錢出力，自己苦一點沒關係，就是希望孩子能生活得好。這是爲人母的天性。

也正因爲如此，在面對孩子的不配合、另一半的不給力時，她們才會如此難過。其實，母親們完全不需要那麼「偉大」，而 是應該給自己留出時間，與孩子共同成長，我們的社會也應該給予女性足夠的時間，讓她們適應媽媽這個角色，而不是從「卸貨」那一刻起就立起「爲母則剛」的大旗，將其重重地壓在她們身上。

你要相信自己是一個好母親，凡事須根據自己的能力和情緒量力而行，可以盡力，但不必用盡全力，更不用和他人比較，比如，別的媽媽母乳餵養到兩歲，你要向她看齊；別的媽媽每天給孩子做營養豐富、五顏六色的副食品，你也要讓孩子吃上健康美味又富含營養的食物。這種比較是完全沒有必要的。

請永遠記住一句話——許多事情我們不可能完美，當我們事事都用別人的標準去要求自己的時候，勢必會感到身心疲憊。我們也不應該把「爲母則剛」這面大旗不停地傳遞給別的女人，自己受過苦，應該給別人撐傘。

女性應該幫助女性，因爲只有女性才能理解女性。

我們不用一味地教育孩子要克服困難、勇攀高峰，生活中需要「勇攀高峰」的時刻其實並不多。我們要教會他們的是繞道而行，如果走在錯誤的道路上，要及時轉換跑道。只有讓孩子從小在喜歡的事物上獲得成就感，長大之後，他們才會更自信、更勇敢。

當媽也要學會取捨。母親的本能是不可估量的，母愛是十分偉大的，但是我們是不是要稍稍「收斂」這種本能和愛意，多關注一下自身呢？我們可以平衡好自己的生活和孩子的生活，你懶一點，孩子就會勤快一點；你少操心一些，孩子反而更獨立。

當了媽媽，也請記得把時間多分一些給自己。如果有人以母愛「綁架」你，勸你當了媽媽就必須以孩子爲先，這時候請你堅定地說：「不！」不是當了媽媽就必須成爲「乳牛」，不是當了媽媽就必須二十四小時爲孩子服務，不是放棄自己的事業、凡事以家庭爲先的媽媽就是好媽媽。

當媽媽們降低了對自己的要求，不但能拯救自己，或許還可以把帶孩子的擔子讓爸爸們多分擔一些。他們或許無法培養出「超級奶爸」的能力，但帶孩子可以提高他們的家庭責任意識，夫妻二人同心協力，培養出一個堅強的孩子。

對婚育最有說服力的，就是全社會的媽媽都是快樂的媽媽。

‧當「虎媽」：學歷只是起跑線

我不是「虎媽」，曾經我也希望自己能有一個優秀的孩子，但透過每天在家輔導女兒上課我才發現，她屬於既不聰明也不用功的類型，或許是因爲我確實不懂科學的教育方法吧。別人家三歲的孩子英文都很流利了，可我女兒連母語裡簡單的「二」字還學不會說。

開學了，老師要求完成古詩打卡任務，可我女兒每天都不記得需不需要背古詩。

她不知道今天老師教了什麼古詩，甚至連老師教沒教古詩都不清楚。她讓我在手機軟體上看看別的小朋友都背了什麼，看完了再讓我教她，一遍、兩遍、三遍……她卻怎麼也記不住。

我在家教她認「一二三四」，她只記得住「一」。

在輔導孩子學習這方面，我沒有耐性，我女兒沒有天賦，我們倆都不太努力。

至此我們都放棄了，決定專攻特長。我幻想她或許可以走「演藝」這條路，今後當個「十八線」小明星，有戲的時候就拍戲，沒戲的時候就休息，上街不會被人認出來，談戀愛也沒人管。

我顯然是把這條路想得太簡單了。

我給她報了鋼琴課，學了一年，至今她連一首完整的曲子都不會彈。我還給她報了舞蹈課，課上，她是全班跳得最差的一個，簡直是朽木不可雕也。

我閨密勸我要多鼓勵孩子。學校公開課上，所有的媽媽都在表揚自己的孩子，可「寶貝眞棒」這句話，我實在說不出口。

而立之年的我剛剛接受自己的碌碌無爲，又要被迫接受自己女兒的平平無奇。

我不斷地勸自己：我就這個水準，孩子的資質也只能如此，別再折磨孩子、折磨自己了。

我希望所有家長都能對自己和自己的孩子有清楚的認知，給孩子選擇一條適合他的路。學習是一場馬拉松，如果一開始就消耗了太多力氣，後面的漫漫長路會跑得很辛苦。

而且，每個孩子不僅起跑線不同，還是在完全不同的生產線上被「製造」出來的。我們應該正確地評估自己的家庭環境，而不是全家「打雞血」，盲目追尋那些遙不可及的東西。

也許我是因爲人到中年，已經喪失了年輕時候敢闖敢拚的激情，在我看來，如果人到中年還像無頭蒼蠅一樣四處亂撞，把自己年輕時未能實現的夢想寄託在孩子身上，才是眞正的失敗。

在學生時代，我遇到過很多學霸，那時我和他們都篤信知識可以改變命運。但後來，我發現很多學霸把一生的運氣都用在了學習上，有的人高考失利，沒能進入名校，多數人則和其他成績普通的同學一樣，在畢業之後成了平凡的上班族。

職場和校園完全不同。

學歷只是一道起跑線，職場更看重努力、機遇、貴人、眼力。人這輩子，說全靠運氣太過唯心主義，說全靠努力又太天真。我們終其一生，不過是要做個普通人。教育政策的優化已經能夠讓新一代人不再重蹈我們當年「一考定終身」的覆轍，所以家長們的觀念也一定要跟上時代的腳步。

•當孩子沒辦法長成你想像的樣子

孩子眞的沒辦法長成你想像中的樣子，他們只會長成你的樣子。

我是一個特別獨立的人，很少依靠他人。感情的事我想得開，感情以外的事我自己也能做得來。表面上大剌剌，不給別人添麻煩，但其實我的內心特別顧及別人的情緒和感受，甚至有些「討好型人格」。雖然看上去非常勇敢，在網路上什麼都敢說，事實上那只是因爲我在現實生活中遇事能忍則忍，自我消化負面情緒，很少向他人傾訴與宣洩。這樣的性格既有好的一面，也有不好的一面。

好的一面是，我不依賴他人；不好的一面是，我這種性格的人活得眞的非常累。

所以我一點都不希望我女兒和我一樣。

然而事情總會向我不願意看到的方向發展。

每當她做事磨蹭的時候，我就會在旁邊催促：「你不能俐落點嗎？」每當她遇到一點小問題就喊我的時候，我就會反問：「你不可以自己處理嗎？」

久而久之，她變得越來越俐落，尤其在我面前，爲了表現自己，能不讓我幫忙就不讓我幫忙。

她長成了我的雛形。

我爲此深深地自責過，決定以後一定要溫柔地對待她，但是等到再遇到事情的時候，我又控制不住自己，心裡總有個聲音在說：「人還是要靠自己，如果現在不開始學習『獨立』，以後得走多少彎路？」

我想把我得到的經驗都傳授給女兒，讓她步履輕鬆地在人生路上前進，但我忘了人生路就是靠自己一步步走出來、熬出來的，沒有人是例外。

我已過而立之年，才稍稍學會遇到問題時可以「繞道而行」，怎麼能要求一個不滿六歲的孩子現在就學會以柔克剛？我到現在還不太會說軟話，又怎能奢望還在上幼兒園的她練就能屈能伸的本事？

成長這條路，媽媽還沒有走完，怎麼能希望孩子一步登天呢？

是我太心急了，太怕孩子受傷，這樣反而讓孩子受傷。

我記得剛上幼兒園的時候，我女兒完全沒有分離焦慮，不知道是因爲之前上早期教育適應了和同學一起玩，還是她不敢哭鬧，總之她雖然害怕和我分開，但不會大哭大鬧。

我還根據早期教育老師的建議，給她買了一本繪本，書中小浣熊的媽媽爲了讓小浣熊在幼兒園不感到害怕，便在它手心吻了一下，並且告訴小浣熊，媽媽的「魔法親親」會一直陪著它，這就是媽媽的愛，哪怕是洗手也不會把愛弄丟。

所以，每次送女兒去幼兒園之前，我都會和她親親。開學一週後，我以爲她完全適應了幼兒園生活，第二週上學的第一天，粗心大意的我忘了「魔法親親」，並且在她表現出不願意去幼兒園的時候選擇扭頭就走。

當我準備離開的時候，我聽見她跟我說：「媽媽，我想要一個『魔法親親』。」

她只是想要一個「魔法親親」，不是不想去幼兒園，也不是要黏著我，這麼合情合理的小要求，居然也被我忽視了。

當我想補償她一個親親的時候，她已經被老師領進幼兒園了。一整天我都如坐針氈，那稚嫩的聲音一直在我腦海裡迴盪，現在回想起來，我仍舊非常愧疚。

這是一件沒有掌握好身爲母親的尺度的事，別的媽媽是過度「犧牲」自己，我是過度要求孩子；別的媽媽是在學習上嚴格要求孩子，我是在爲人處世上對孩子嚴格要求。

當媽媽需要修煉很久，我希望各位媽媽不要陷入上面這兩種極端。

我在勸告大家別給自己那麼大壓力的同時，其實也在慢慢地調整自己。

我幾乎每隔幾天就會在我的小本子上寫下「不要跟孩子生氣」。一週過去了，我一直沒有跟孩子生氣，我甚至以爲自己已經戒掉了太要求孩子獨立的「惡習」。

我最近經常反思，有我這樣的「硬派媽媽」，我的孩子怎麼可能成爲小鳥依人的女生，今後又有何枝可依呢？

那麼，不如順其自然。對於做事磨蹭的孩子，「奉獻型媽媽」不要替孩子包辦，「獨立型媽媽」雖不包辦，但也不要反覆嘮叨，只需教孩子形成時間觀念。如果孩子實在磨蹭，那就把要做的事盡可能提前。各位媽媽不要心疼孩子起得太早，也不用疾言厲色地催促，我們甚至可以讓孩子自己做事，既有助於孩子形成獨立的性格、養成守時的觀念，又不會因爲催促而打擊孩子的信心。

所以，各位媽媽不要怕孩子走彎路，只要他能走出自己的路就好，我們應該與孩子做伴，攜手前進。

不過，我也不希望孩子成爲一個性格柔弱、生活不能自理的人，凡事還是要靠自己。只是我希望透過我的改變，讓孩子把握好人生的尺度，始終謹記「過剛易折，要適度柔和」。

如果正在閱讀本書的你和我如出一轍，既然無枝可依，那就祝你「大鵬一日同風起，扶搖直上九萬里」。

PART 5

成長的目標也許是成為普通人

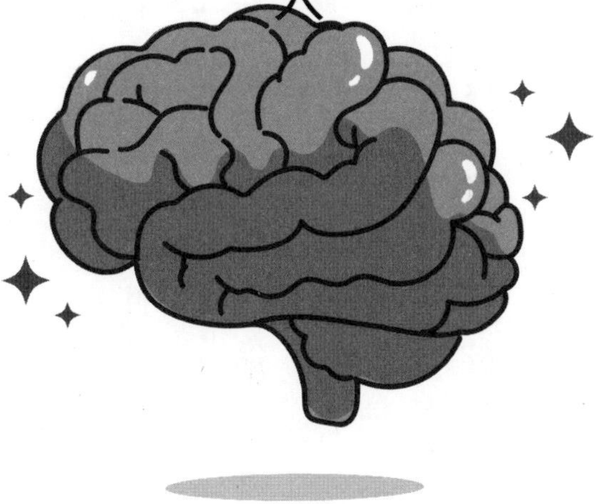

・你在忍耐別人，別人也在忍耐你

我媽是一個「重度強迫症患者」，這一點展現在家裡的每一個物件都在它應在的位置上，不可以有分毫偏差。我最近一次挨罵，就是因爲我把櫃子後排的化妝水擺到了前排。她的「強迫症」表現在各個方面，讓我印象最深刻的，一是她特別喜歡擦地，二是我家的洗碗水絕對不可以倒進廚房排水孔。

周圍的人（包括我）都不太清楚該怎麼跟我媽相處。我給她取了一個非常好聽的暱稱——豌豆公主，她就像童話故事裡的那位公主一樣「矯情」，隔著厚厚的床墊都能感受到壓在下面的那顆豌豆。

先說擦地。這件事在我家的重要等級可以排在第一位，只要我媽一開始擦地，全家人必須老老實實地待在房間裡，千萬不能在她老人家面前晃來晃去。

她抱怨：「我在這裡擦地，都在那裡看著，這個家是我一個人的嗎？」

我說：「你不願意擦可以不擦……」

她回道：「不擦多髒，你瞎嗎？看不見這地有多髒？你怎麼那麼懶呢？什麼都嫌麻煩，吃完還得上廁所呢，那你怎麼還吃飯？」

躲房間裡還不算完，她什麼時候擦完地，我們什麼時候才能吃到飯，因爲我媽永遠遵循先來後到的原則，擦完地才能做飯。

我有時候經常會想：爲什麼我媽要以一種近乎極端的方式維護家庭環境的整潔？是她心中的整潔有序遭到了挑戰，所以導致她脾氣差？還是因爲她脾氣差，以至於她看什麼都覺得無序且不潔？

她的心情常年被陰雲籠罩，家裡的氣氛也就常年處在冰點。在這個家裡，我們好像做什麼都是錯的，我極少聽到她對我的讚美和肯定，在她心裡，我處處不好，處處不如人。

她經常拿我表姐來跟我比較，說我表姐跟我姨媽親，我就不像表姐那樣孝順……

但是我姨媽對我表姐可謂是千依百順，她安排任何一件事都以我表姐爲先。我表姐就是她家級別最高的成員。而我家呢？我家級別最高的事，是擦地。

所以，我更喜歡一個人待著。

我媽二十四小時在家，家裡的氛圍自然不好。家對於我來說不是一個溫暖的避風港，更像是一個牢籠，待在裡面太鬱悶了，我的心時時刻刻都是揪緊的，連一點響動都不敢弄出來。

結婚後，我也喜歡一個人待著。我不喜歡親戚聚會，聽見孩子不停的說話聲就覺得厭煩，甚至連我老公躺在我旁邊呼吸都覺得聒噪。其實我只是習慣了安靜，因爲安靜讓我覺得安全。而且我害怕爭吵，害怕冷戰。

我爸和我媽總是在吵架，吵完了就開始冷戰。我媽可以算是「特級冷戰選手」，按季度起算、按年計費地不理人，身處在那樣令人窒息的氛圍裡，對我來說每一秒都是煎熬。

豌豆公主的「玻璃心」總會被別人無心的抱怨刺痛，然後立馬高昂起頭顱，寧死不低頭。

我和我媽截然相反，我不在乎什麼面子、尊嚴，不在乎對方怎麼想，我只在乎自己活得舒服不舒服。在她深度「強迫症」的壓迫下，我反而對大部分事情都無所謂。冷眼旁觀我媽這一生，多數時間她都在跟沒有意義的事較勁，而且常常爲了躲避一個小麻煩，給自己製造一個大麻煩。

所以，我成了一個目標明確的人，可以輕易做到「兩害相權取其輕」，因爲我知道對我有利的是什麼、我要的是什麼，其他的我都可以捨棄。

結婚後，家是兩個人的，你有你的生活方式，我有我的生活方式，不分對錯，不一定非要遷就對方。心情好的時候一起做大掃除，心情不好的時候就窩在沙發裡，不累自己也不逼別人。

很多女人完全不會理性地處理生活中的問題，有的人甚至因爲無法容忍丈夫拿了東西不放回原處而選擇離婚。

其實，我理解這種每次都要給別人收拾爛攤子的感覺，久而久之誰都受不了。可是，爲了這樣一件小事就給自己製造離婚的大麻煩，這麼做眞的理智嗎？現在有很多「毒雞湯」都在告訴我們離婚是正確的，可在我看來，這是爲了避免小麻煩而給自己徒增大麻煩。

人們總說：「過日子就要睜一隻眼閉一隻眼。」難得糊塗是智慧，很多人卻歪曲了這句話的意思，即便是在另一半出軌這樣觸及底線的問題上依舊選擇隱忍。但我們也不應該把所有問題一刀切，把每件小事都視爲原則問題、底線問題。

你總覺得你在忍耐別人，其實別人也在忍耐你。別人破壞了你設立的規矩，你感到厭煩；強迫別人遵守你的規矩，別人又感到厭煩。這世上大部分的事並非非黑即白，對於同一件事，從不同的人的立場出發，可能會得到截然相反的結論。所以，過日子一定要搞清楚重點，不要因小失大，這樣就得不償失了。

當我用我媽所有的反面案例自我「驅動」時，慢慢地也就理解了她所有行爲背後無法言說的焦慮。

爲什麼她總因爲我爸的一句小小的抱怨就變得像刺蝟一樣敏感？因爲在她的認知裡，抱怨了就是不愛，愛都沒有了，那就保有最後的尊嚴吧。

三十歲的我回頭看三十歲的媽媽，發現她的愛情觀和世界觀非常單純，我所有對她的忍耐最終都變成了包容，今後對她再也不會有怨言。

‧原生家庭：要不要聽父母的話

很多人覺得我很幸運，有著順遂如意的人生：從小學一路讀到研究生，畢業就找到了工作，工作後透過相親，順利結婚生子……其實要實現所謂的「順遂」，背後的每一步走得都並不容易。

要「聽話」就不容易。現在很多年輕人是「不聽話」的，他們不願接受父母的安排，不想被各種規矩束縛，而是敢於打破陳規、挑戰權威。

我們常說：「過猶不及。」一味循規蹈矩固然無法革新，過分貶低陳規舊俗也未必就是聰明之舉，所以有時候就要認命、聽話，在能力不足的時候多聽聽過來人的建議。在人生的某個階段，我們由於缺乏足夠的人生經驗和經歷，會把未來設想得過於美好，進而輕敵，最後被現實生活碾壓得一敗塗地。

這幾年，「原生家庭」這個詞火了。很多年輕人開始濫用這個詞，把自己的原生家庭貶得一文不值，彷彿自己就是典型的問題家庭養育出來的孩子，把自己的不良性格、不善交際、人生不順統統歸咎於父母，對父母的反感遠多於感恩。

我也曾是這樣的人，可是在我結婚生子之後才發現，父母永遠是我最值得依靠的人，他們給了我別人無法給予的勇氣。或許我們的父母沒什麼太大的本事，但大多數父母都是從自己有限的認知出發，無條件地愛著自己的孩子。他們看問題的視角也許狹隘，也許存在偏差，可是他們的經驗貨眞價實，他們走過的彎路、獲得的教訓值得參考，就算我們不願全盤接納，也沒有必要全盤否定。

在大學專業的選擇上，我們不願聽從父母的建議，認爲他們跟不上時代，推薦的都是些「過時」的專業，只有自己才最清楚未來有哪些新興產業，今後從事什麼行業、做什麼工作能賺大錢；找工作時，父母建議我們考公務員、當老師，可是這些工作在我們看來似乎又累又無聊。

很多人會有這樣的雄心壯志：我要幹一番大事業，像電視劇裡叱吒職場的白領一樣，談生意走花路，三年晉陞主管，五年當上老闆；身穿職業裝，腳踩高跟鞋，出入辦公樓；幾百萬的合約經手，房子、車子全都有……

然而現實是，我們只能在高樓大廈的隔間裡埋頭苦幹。很多公司爲了防止員工工作偷懶，不在工位之間設置隔板，甚至在後台偷偷記錄員工的工作時間。你以爲的精緻白領生活，不過是每天被甲方折磨得面容憔悴，對著方案改字體、改字號、改標點、改排版，到手的月薪可能都過不了平均線。

在遭受了生活的「毒打」後，我們發現父母說過的很多話都是對的。如今我們成了父母，也變得和他們一樣，說服不了自己的孩子。

我膽子小，非常聽話，還特別擅長反思。很多人有誤區：反思就是認虧，不僅丟面子、跌身價，還給了對方繼續蹬鼻子上臉的機會。

但我覺得，反思可以使人進步。俗話說：「吃一塹，長一智。」吃虧後不反思，那吃虧永遠只是吃虧，只有吸取教訓，才能避免在同一個地方跌倒兩次。認虧也沒什麼不好，忍一時風平浪靜，退一步海闊天空，臥薪嘗膽才能厚積薄發。所以反思是爲了自己，不是爲了別人。

寧跟聰明人吵架，不跟糊塗人說話。如果對方是聰明人，在你反思的同時他也會反思自己，你們共同進步，變得越來越好。

那我們該如何進行反思呢？

我認爲反思自我的最佳方式之一，就是獨處。

我是在英國讀的研究生，留學的日子裡，我幾乎都是獨來獨往，這也給我帶來了很多思考的時間。雖然有一些想法不過是我的胡思亂想，但好在最後我都能理清頭緒，把負面的想法從頭腦中剝離出去，只留下積極的認知。屋漏偏逢連夜雨是人生常事，我們不能因爲屋漏就不躲雨，這不是看得開，這是自暴自棄。

看得開，是要放過自己。一件事沒做成沒關係，這時候要思考沒做成的原因是什麼、下次該如何做才能成功。如果未能達成人生的階段性目標，也不要全盤否定自己，整裝再出發就可以了。一條路行不通沒關係，我們沒必要一條死路走到底、不撞南牆不回頭，這不是勇敢，而是不會動腦思考。

透過仔細的分析，相信你的心境會越來越開闊。以談戀愛這件事爲例，我不鼓勵不間斷地談戀愛，人一定要有獨處的時間，在獨處中才能整理好思路，從教訓中吸取經驗，不然紛繁複雜的感情一段接著一段，哪有時間看清自己的心。人生就像是海上的那隨波逐流的小舟，很難一帆風順，要是不小心觸礁，豈不是悔之晚矣？

在英國讀書的時候，經過生活中各種瑣事的歷練，我也比以前多了一點耐心。

我要自己去銀行，自己交房租、辦寬頻，不斷提高溝通能力的同時還要仔細觀察異國人民的生活習慣，學會察言觀色，發現、總結他們爲人處世的規律。不要覺得活在溫室裡的人很幸福，一旦離開了溫室，他們也只能依靠自己努力生存。

「察言觀色」並不是一個不好的詞，《孫子兵法》中說：「知己知彼，百戰不殆。」摸清一個人的喜好和習慣是一種本事，出國是可以鍛煉這種能力的方式之一。

最重要的一點，就是不要羨慕、不要嫉妒別人。不知道從什麼時候開始，很多人被網路上所謂的「成功學」帶偏了，和那些輕輕鬆鬆年入百萬甚至月入百萬的人一對比，自己的人生太過平淡普通，因此難免心態失衡。但我認爲，這種優渥的生活並沒有什麼值得羨慕的。

我之前住過別墅，但其實於我而言，實屬「打腫臉充胖子」。別墅是家裡人買的，出於一些原因轉到我名下，每月高額的貸款完全超出了我的能力範圍。那兩年我們全家都在爲了還房貸拆東牆補西牆，別人卻只看到我住豪宅，看不見每每臨近還貸日我的焦慮，那時的我眞是恨不得把頭髮揪光，用腦袋撞牆，只能靠喝酒平復心情。

那段時間，我經常和辦理貸款業務的工作人員打交道，從他們口中聽到了不少和我類似的故事。

每一個家大業大的家庭，一朝登高跌重，便有可能粉身碎骨，高收入的背後往往存在高風險，很有可能「一著不慎，滿盤皆輸」。

我們羨慕娛樂明星，羨慕那些看上去沒有什麼太大本事但是靠著「運氣」一夜成名的「網紅」，可我們只看到了他們的光鮮亮麗，卻往往忽視了他們背後常人無法理解的艱難。所有的付出和回報都成正比，那些德不配位的人自然有他們的災殃，但如果你是靠勞動換取成果的，那麼你憑本事賺的每一分錢都能讓你感到踏實。

‧保持獨立不等於不結婚

保持獨立和結婚從來都不衝突。

港劇中的女主角大部分是精英女性，她們收入可觀，性格獨立，卻依然渴望愛情。她們雖然不會把渴望愛情掛在嘴邊，但是也不排斥婚姻，不像現在的很多女性，只要一提到婚戀，就如遇到洪水猛獸一般火力全開。

婚姻從來不會影響一個人的獨立。在當今社會，很多人陷入了一個誤區：結婚之後女人要照顧一家老小，必然要放棄自己的事業；照顧孩子只能捨棄自我，懷孕生子就不能保持身材。

「沒生過孩子的人，果然更顯年輕啊！」這句話如今在網路上廣爲流傳。

但其實，我們都忽略了一件事，或者說是刻意迴避了一件事，那就是眞正影響獨立的是你的經濟條件和思想水平，從來不是婚育與否。

如果你的經濟實力強，大可以「買時間」，比如僱人帶孩子，僱鐘點工做飯、做家務，你不會因爲有了孩子就失去了屬於自己的時間，也不會一臉疲憊地面對滿屋的凌亂而不知所措。如果沒條件「買時間」，你就只能親力親爲。

我從來沒見過身邊有哪個女人被家庭拖累了事業，是金子到哪裡都會發光，如果你有發達的能力，坐在家裡也能飛黃騰達。

除了經濟條件，還有一個重要因素影響自身獨立——思想水準。我們家沒有請過保母，原因說來慚愧：我這個人對自己大方，可以給自己買任何東西，只要錢花在自己身上，怎麼都捨得，可是如果要讓我花錢請人做家務，那我寧願自己幹。即便如此，我也從來沒有覺得被家庭束縛了、不獨立了，反而感覺自己比結婚前還要自由。

有人可能會說：「那是因爲你的另一半始終支持你。」我想反問：「你焉知自己不能找到一個支持你的另一半，又或者焉知自己沒有能力去說服另一半？」

我老公支持我，除了他爲人厚道，還有一部分原因就是我有足夠的能力讓他認同我的觀點。

因爲我足夠獨立且內心豐盈，從來不過度索求他的陪伴，甚至還會在他遇到難題的時候開解他。這樣的我做出的決定，他有什麼可反對的呢？

如果你是一個事事需要另一半替你做決斷、時時需要另一半陪伴的人，那家庭於你而言更像是一座避風港，因爲你本身也不夠獨立。

至於那些特別能幹、在家裡是一把好手的妻子們，她們雖然嘴上喊累喊煩，但是大家有沒有想過，家可能給她們帶來了成就感和安全感。

看一件事不要只看表面，不要聽別人抱怨幾句就恐婚、恐育，不要做說者無心聽者有意的人。不是每一樁婚姻都終會失敗，它雖是圍城，但不是獅虎城，能把人吃得骨頭都不剩。這座圍城是兩個人合力搭建的家，夫妻在其中各司其職。

・不結婚真的瀟灑又自由嗎

現在不少人奉行獨身主義，認爲如果結婚後過得不好，還不如不結婚。可是，不結婚眞的既瀟灑又自由嗎？

我們對未來的預期往往較高，永遠有人後悔，選擇了A的羨慕B，選擇了B的羨慕A。如人飲水，冷暖自知，你覺得別人過得不好，但其實人家過得很好；你覺得別人過得不錯，其實對方的生活早已千瘡百孔。

我身邊有不少一生未婚未育或者已婚未育的女性，她們的日子確實過得一言難盡。

我的一個姨婆未婚未育，另一個已婚未育。兩人都在花甲之年得了抑鬱症，原因很簡單——沒有伴侶或孩子，沒有生活寄託。

姨婆甲一直沒結婚，還好她有一份不錯的工作，每天有事可做，所以經過一段時間的藥物治療之後，她的抑鬱症症狀得到了緩解。

姨婆乙的病情顯然更嚴重，她年輕時是一個特別外向熱情而且異常清醒的女性，步入老年後卻因爲沒有孩子得了心病。和老伴出去旅遊的時候，本來玩得很開心，當看到別的老人打電話告訴孩子自己到哪裡了、詢問孩子來不來接他們的時候，她一瞬間就崩潰了。她沒有可以打電話的人。

年輕的時候你體會不到這種感覺，總覺得累了一天回到家終於可以放鬆一下，泡在浴缸裡，邊喝紅酒邊看電影，這樣的日子快活似神仙。

但隨著年齡的增長，你會發現自己想要的東西變了。

你想跟別人聊天，發現大家談的都是孩子教育，都在吐槽老公和婆婆，你和她們沒有共同語言，插不上話。

休息的時候，別人要陪孩子上課後班，帶孩子去親子餐廳吃飯、去遊樂園玩，你沒辦法加入人家以家庭爲單位的娛樂活動。

逢年過節的時候，別人或許會爲了去媽媽家還是婆婆家吃飯而爭吵，但節假日對你來說似乎格外難熬，窗外是萬家燈火，你的屋內卻冷冷清清。

有人認爲，用年輕時二十多年的快樂換老後幾年的不幸是値得的，但現實並非如此。年輕時我們只有幾年的自由生活，四十歲後，心態可能就會發生轉變，之後的幾十年可能都是孤獨、寂寞的，甚至可能晚景淒涼。這其實是在用餘生幾十年的痛苦來交換現在短短幾年的快樂。

在某部電視劇裡，「頂客」一族的女主角一個人在家裡練瑜伽時扭到了腰，她只能大聲呼喊，讓住在隔壁的鄰居幫忙叫救護車。在等待救護車前來的過程中，她只能一直保持倒立的姿勢。如果救護車再晚點到，她可能會因爲堅持不住而摔倒，甚至有可能導致下半身癱瘓。

雖然這只是電視劇裡的劇情，但在現實生活中，類似的案例也不在少數。緊要關頭，如果有伴侶在身旁，肯定要比求鄰居幫忙或沒人幫忙強得多。

有一次，我的牙縫裡不小心塞進了一根魚刺，我完全無法從牙齒正面看到它，想把它摳出來卻無從下手，只能求助我老公，他幫我拔出來之後，我「撲哧」笑了。

結婚可能沒有多麼重大的意義，但就是在這種時候，養兵千日，用兵拔刺。

我不是催促大家早點結婚生子，只是希望每個人都能理智地看待結婚生子這件事，正確地評估自己的能力和水平，不要盲目地另闢蹊徑。

也有人說：「餘生還有很多有趣的事可以做。」我覺得這樣的人真的是太高估自己的行動力了。

不要小看人的惰性，如果沒有外界的監督，絕大部分人很難把一件事堅持到底。

即便能夠堅持到底，但僅憑一項興趣愛好也很難充實整個人生。但結婚生子不一樣，它所帶來的複雜的人際往來、孩子的養育、金錢的壓力雖然有時候會讓人喘不過氣，但同樣也可以讓人生變得充實忙碌，甚至還可以獲得成就感和滿足感。

人類有時候很奇怪，忙起來想休息，閒下來無事可做的時候反而想得更多，心裡更煩，老得更快。

有些精英人士不僅物質世界富足，精神世界也很豐盈，我們不能把他們當作參照對象，就像不能拿娛樂明星的婚姻作標桿一樣，二者之間根本沒有可比性。精英人群過得好，是因爲他們本身就具備自我滿足的能力，可大部分人終其一生都無法成爲精英。

很多人正是因爲無法認清這一事實，所以總在選擇錯誤的參照對象並反覆與之對比，等終於意識到自己只是個普通人的時候，卻爲時已晚。

大部分人的生活不外乎就是這四樣東西——柴、米、油、鹽，和這四件事——婚、喪、嫁、娶。

普通有錢人和社會精英之間還是存在一定差距的。精英人群具有的廣闊眼界和人脈決定了他們每天都能接觸新鮮事物，對生活能持續地產生興趣。作爲普通人的我們，就算有錢，最多也只能做到衣食無憂，能想到的放鬆方式除了購物就是旅遊，連樂器也就知道鋼琴和二胡，不懂紅酒的名稱和年分，也不懂古典樂和爵士樂。

所以，年紀越大越好熱鬧，誰家有孩子就去看看，湊湊熱鬧，沾沾人間煙火氣。

我的一個姨婆經常問我：「掌握了技能又怎樣呢？」

她對我說，既然了無牽掛，就可以隨時放棄可以放棄的一切，反正也沒用，賺了錢不知道給誰，想花錢的時候也沒人陪，掌握了新技能也無人分享、無人欣賞，畫的畫掛在牆上只有自己一個人看，彈奏的曲子只有自己一個人聽，無人點評。

我們經常把人性設想得過於美好，要知道血脈關係是最重要的一種人際關係，僅靠「聊得來」並不能讓一段關係變得長久又穩固。

所以，我們既需要婚姻也需要朋友，在種種關係中才能達到一種平衡。沒有朋友，就像被困在婚姻的圍城裡沒有傾訴的出口；只有朋友的人，則像是沒有城堡收留的旅人，風雨兼程。

看看那些重組家庭，如果婚姻這座圍城眞的讓人絕望，那爲什麼好不容易逃出牢籠，很多人還要回去呢？

婚姻是人類的一種底線保障制度，它從來就不是爲了愛情而存在的。這道選擇題怎麼選都會有遺憾，希望大家能看得更全面。

‧容貌焦慮怎麼辦

不知從什麼時候開始，網上開始流傳一個詞，叫「容貌焦慮」，意思是：「個體因憂慮自己的外貌達不到外界對於美的標準，預期會受到他人的消極評價，從而處於擔憂、煩惱、緊張和不安的情緒之中。在行為上，表現出經常檢查和調整自己的外貌。」

這個定義令人感到困惑。為什麼外貌達不到標準會緊張不安？為什麼沒有一個詞叫「能力不足焦慮」呢？由此可見大家把外貌看得太重要了。那為什麼大家如此看重相貌呢？箇中原因，是在當今時代，變美真的太容易了，大到整容，小到醫美，會化妝人的化妝，會用軟體美顏人的美顏，變美既不需要寒窗苦讀，也不需要台下十年功，它方便又快速，人人都能輕易辦到。

所以在這個大家好像都很美的社會，一旦自己的容顏稍遜於他人，便很容易灰心喪氣。很多人還有一個誤區，覺得擁有了美貌就擁有了一切，長得美就可以「躺贏」，就可以不付出太多辛苦，一勞永逸地享受美貌帶來的諸多便利和優待。其實，外貌眞的沒有那麼重要，就算是在格外看重「顏値」的演藝圈，空有美貌卻沒有演技的「流量明星」們也往往無法贏得觀眾的喜愛和認可，甚至有可能招致批評，以至於一些導演不願請「流量明星」來演戲。「硬邦邦」的作品，永遠比軟乎乎的臉蛋更有說服力，也更靠得住。我不否認美貌也是實力的一種，但科學研究不靠「刷」臉，治病救人不靠「刷」臉，教書育人不靠「刷」臉，紮實的專業知識，可以讓美貌錦上添花，徒有外表並不能成爲一個人的立身之本。

任何事都是相對的，你因爲美貌得到了多少喜愛，也可能會因爲美貌承受多少非議，你的美麗有人喜愛就有人嫉妒。人們常說平淡是福，就是因爲平凡可以讓人波瀾不驚、泰然自處。所以不必太在意自己的外貌，只適當地欣賞和追求美，或適當地讚美和豔羨他人之美，卻不必因此焦慮，或僅憑外貌評判他人。

有些公眾人物可能沒有出眾的外貌，卻有其獨特的魅力，或許是優秀的工作能力，或許是百折不撓、越挫越勇的韌性，又或者是強大的內心，這些特質都使其成爲榜樣，向大眾無聲地宣告：「雖然我不漂亮，但我也能閃閃發亮。」

完全看臉與徹底忽視外貌都是不可取的。媒體有責任正確地引導大眾，而不是藉著熱度肆意炒作，把年輕人的思想帶偏。

・如何與素顏和解

最近，「與素顏和解」這個話題在網上引起了很大的爭議。話題建立的初衷是希望女人們不要對自己的容貌過度焦慮。然而，事與願違，很多人反而變得更焦慮了，特別是看到了很多女孩在素顏狀態下展現出的美貌後。

作爲一位情感類題材博主，我常常被大眾拿著放大鏡評頭論足，所以想當博主，內心強大可比容貌美麗重要得多。經常有網友因爲不認同我的觀點，轉而開始攻擊我的長相，還有人開著善意的玩笑說：「一般醜的人我不關注，但誰叫你說得對呢！」對此我想說：「謝謝您了！」

我是一個異性緣非常差的人。按理說，一個女人是否受歡迎，與她的容貌有一定的關係。我自認爲雖不是風華絕代、豔冠群芳、傾城傾國，但確實也跟醜不沾邊。

我見到的很多女人，她們其實並不醜。患有「容貌焦慮症」的女人們總是在給自己施加無形的壓力——我好像總是不如某某好看，我什麼時候才能變得和女明星一樣瘦……

女性在愛美之路上過分精益求精，最終導致「內卷」，因此才出現了越來越多對自己容貌感到焦慮的人。請你始終相信，老天是公平的，沒有偏愛某些人。人無完人，請放下那些無謂的焦慮吧！

這世界上沒有完美的人，許多所謂的美不過是「流量」打造的，它反覆出現在大眾視野裡，漸漸地在大眾腦海裡烙下深刻的印象，令人覺得那就是眞正的美。當我們再也無法接受其他任何與之不符的美，這才是眞正的可悲。

如果眞的非常想被人稱爲「美女」，倒也無可厚非。

每個人都有自己的獨特之處，嘗試挖掘出屬於你自己的亮點並將其展示出來，不斷地加深人們對這些亮點的印象，當再有人提到某一點或者某一個風格的時候，你就成了它的代言人。

比如，素顏女神——長得好看，但不適合化妝；「高級臉」——骨骼輪廓分明，面部線條清晰耐看，初看不算美，但越看越「有味道」。一個「有味道」的女人難道不美嗎？隨著大眾對審美變得包容，中性風也被越來越多的人認可和接受。在很多職場題材的電視劇裡，當女主角一身西裝、英姿颯爽地出現在辦公室裡或談判桌上的時候，我們不禁感嘆：「太帥了！」

「熟女」、「御姐」，這些因爲欣賞成熟女性魅力而產生的詞滙，不正是打破了年齡對女性追求美的限制嗎？誰說「女人四十豆腐渣」？多少四十歲的女性既有「顏値」又有事業，既有個性又有閱歷，她們的美蘊含著歲月的積澱，蘊含著對自己正確的認知。

所以，不論你幾歲，屬於什麼風格，喜歡裙子還是褲裝，你都可以打造屬於你的美。

再說回相貌和異性緣的關係這件事。

我可以負責任地告訴大家，長相和異性緣之間沒有什麼必然關係。

以我的人生經歷來說，我沒什麼異性緣，主要是因爲我的性格，而不是樣貌。

我從小就非常要強，非常「剛」，說話大嗓門，甚至到了初中還在和男孩打架……試問哪個男孩喜歡這樣的女孩？大多數男孩更喜歡溫柔如水、小鳥依人的女孩，就像女孩更喜歡寬容大度、遇事沉著冷靜、能帶給自己安全感的男孩一樣。

我不是大部分男孩會心儀的對象，因此，當異性嫌棄的聲音增加了，我就被定義成了一個又醜又吵的女孩。

如果你也有這樣的困擾，請千萬不要因此模糊了美與醜的概念，一個人性格不討喜，不能證明他不好看，不能證明他性格不好，更不代表他是一個壞人。

不要因爲別人的定義而失去方向，變得手足無措，進而開始質疑自己，甚至變得唯唯諾諾。你沒有錯，只是不適合一些人而已。

當然，每種性格都存在一定的弊端，我們可以適當地改變我們的缺點，而不是爲了他人委曲求全。

我上大學以後，我媽漸漸地失去了對我的「穿衣管控權」，在摸索了很多年之後，我終於找到了適合自己的穿衣風格。

我不相信穿衣自由那一套，我始終堅信的是「自由要在一定約束的條件下才能實現」，所以，只有適合自己風格，才能最大限度地展現出自己的美感，至於不適合自己的，不是不可以嘗試，而是實在沒有必要堅持。

風格選對了，人生經歷的事情多了，慢慢地，我變成了一個衣著得體、遇事張弛有度的人，但我依然保留著自己最原始的性格底色——愛憎分明。我也漸漸地明白，很多事不能走極端，對朋友不能傾訴過多、索取過度，對伴侶要多些理解、少些要求。現在的我做事依然大刀闊斧，但有幸遇到了一個需要我這股「大刀闊斧」勁頭的伴侶，我們一拍即合。

樣貌是美是醜，性格是軟是硬，其實沒有一個絕對的尺度，每個人心裡都有自己的一把尺，不要盲目地按照別人的尺度來衡量自己，更不要因爲不符合別人的衡量標準就妄自菲薄。

如果說與素顏和解是坦然接受自己的容貌，那麼與性格和解就是坦誠面對自己的內心。

我曾收到過很多女孩發來的咨詢信息，她們中的多數人都是因爲性格太過軟綿綿、對另一半過於依賴而產生困擾。

很多女孩意識不到自己有這樣的問題：一旦雙方出現矛盾，自然而然地就把責任歸咎於對方。

「他變了。」這是我經常從她們口中聽到的一句話。

「他剛和我在一起的時候能跟我徹夜長談。如果我不開心，他半夜也要來找我。可現在，他只顧著打遊戲，兩小時都不理我，他是不是變了？」

對於這些困惑，我常常勸這些女生，沒有人能堅持日復一日和你長談，就算眞的有這麼多要說的話，身體也吃不消。人與人之間的感情總是會從轟轟烈烈慢慢地歸於平淡，一直轟轟烈烈的感情往往情深不壽，只有細水長流，才能和美地過完一生。

此外我還要再加一句：「給自己找點事做吧。」

男孩喜歡小鳥依人的女孩，但一般不會喜歡時時刻刻如籐蔓一般纏著自己的女孩。我建議女孩們養成外柔內剛的性格，外表溫文爾雅，內心一定要有主見。這不是爲了取悅異性，而是爲了強大自己。

如果你的性格過於驕縱、黏人，或是過於跋扈、潑辣，你可能很難和另一半和睦相處。

我在前文提到，改變性格中的不足不是爲了取悅異性，但是誰都不願意和嬌縱、黏人或跋扈、潑辣的人相處，不論朋友還是愛人，皆是如此。你當然可以保留原本的性格底色，找到一個眞正和你匹配的另一半，但對於那些性格中的小「缺陷」，就應該像對待小樹的枝椏一樣，時不時地修剪一番，讓自己越來越好。

與其與素顏和解，不如直面內心，定期清理心中壓抑的負面情緒，比如嫉妒、怨恨，正確地疏導彷徨和疑惑，正直、要強、熱情這些優秀品質不該被生活壓彎磨平。

當內心一片祥和，素顏也會很美。

・「窮大方」的人怎麼辦

我家裡人是祖傳的「窮大方」，不管有沒有錢，反正就敢花。隨著時代的發展，信用卡的出現簡直就是我們這種人命中的劫難。

懷孕生子期間，我瘋狂囤貨，報復性消費，把能刷的錢都刷出來了，然後做了分期，按照分期金額開始找合適的工作。但是當時的我明顯高估了未來的自己賺錢的能力，復工後，我的工資和預想的並不一樣。

入不敷出的生活就這樣開始了。為了填補窟窿，我又開始新一輪的借貸，拆東牆補西牆，欠款卻越滾越多。

一切都是因為分期。價值一萬元的商品，如果分為十二期，每期只需償還一千元。看著自己每月五、六千的工資，一千元似乎不是什麼負擔。

但人的慾望總是無窮無盡，一開始只買了個包，後來就想買手錶、裙子、鞋子與之搭配，到最後，工資就全花光了。

千里之堤潰於蟻穴，負債累累不過始於幾百元的利息，所以一定要警惕。

消費的感覺太好了，但這種快樂又太短暫了，只要開始就很難停下來，如此惡性循環，無休無止。

所以我強烈建議大家：花錢要做好規劃，必須強制性儲蓄，把每月的工資分成幾份，日常開銷囊括衣食住行，儲蓄要覆蓋住房、醫療，還得有點備用資金。

不要打腫臉充胖子，掙多少花多少，腳踏實地和漫步雲端的區別就在於，前者雖然辛苦，但踩在平地上心裡踏實，後者完全是在白日做夢，走錯一步便萬劫不復。

我的父輩中也有人因爲做生意而背負了巨大的債務，他們就像是賭徒在賭桌上輸光了錢，腦子裡已經完全喪失了及時止損的想法，一心只想翻盤。

所以，我奉勸各位想要創業的年輕人，一定要愼之又愼，不要盲目地相信下一個一夜暴富的人一定是自己，而是要多問問自己，憑什麼能在芸芸眾生之中脫穎而出，成爲那個賺得盆滿鉢滿的幸運兒？

但是，謹愼行事並不意味著失敗了就放棄再次嘗試，而是一定要從失敗中吸取教訓，做自己力所能及的事，切莫好高騖遠。

很多人會購買高風險的理財產品，其實就是想占便宜的心理在作祟，總覺得自己慧眼識珠，整天幻想著天上掉餡餅，殊不知所謂的「高收益」就像一張有組織、有預謀的網，等著把跳進去的人吃得連骨頭都不剩。

除了創業失敗和投資被騙，成年人損失錢財還有一種方式——迷失自我。

電視劇《理智派生活》裡有一句話我非常認同：「一個名牌包，我努力一下可以負擔得起，但名牌包背後的生活，我假裝不起。」

我們自以爲名牌包開啓的是夢幻仙境的大門，但其實，它打開的是潘多拉魔盒，裡面全是你沒見過的妖魔鬼怪。

・不要迷信努力就能成功

承認自己平庸很難嗎？

我承認，對於以前的我來說，確實挺難的。不過如今，我已然變得無堅不摧，只覺得「承認自己平庸」是一件無傷大雅的事。

考試成績倒數沒有讓我覺得自己平庸，找工作、談戀愛、結婚生子卻不同，只要我對其中一件事期望過高，最後總會被命運「按在地上摩擦」，登高跌重之後心理上的落差感比坐雲霄飛車生理上的失重感更令我難受。

就是因爲我經歷了一次又一次的難受，才反覆地告訴大家，

盡早接受自己是個平庸之輩這一事實，避免因爲期望過高而失望過大。

借助另一半平步青雲、實現階級躍升，這種妄想本身就很幼稚且令人鄙夷。但如果你想靠知識改變命運，其實也沒有想象得那麼容易。

有些人特別喜歡看成功勵志類的書，他們只看到比爾・蓋茲和華倫・巴菲特從大學輟學也取得了成功，殊不知蓋茲的媽媽是知名商界人士，巴菲特的爸爸是國會議員，出色的家庭條件給予了他們廣闊的眼界與見識。有的家長堅信知識改變命運，覺得孩子只要好好讀書，這輩子就能衣食無憂了。然而，讀書、工作、收入三者之間沒有必然聯繫，知識能改變的只有你的眼界和格局，開闊的眼界和心胸能讓你有一個好性格，好性格則教會你在逆境之中不怨天尤人，在順境之中不驕不躁。

「萬般皆下品，唯有讀書高」的原因也是如此，多讀書可以讓你多角度地看問題，活得更通透，形成自己的思想，不會人雲亦云。但讀書多未必能讓你出人頭地，更跟能不能掙錢沒有太大關係。

很多平凡的家長堅決不能接受孩子像自己一樣平凡。望子成龍、望女成鳳的心情可以理解，但是不要對孩子抱有不切實際的期待，期望他們青出於藍而勝於藍。回想一下小時候的自己，是不是也很貪玩？是不是也會上課分神？是否也無法集中注意力學習那些枯燥無味的知識？

一些家長在聽到這樣的質問時會理直氣壯地反駁，說自己就是因爲吃了沒文化的虧，所以不能讓孩子重蹈覆轍。

你以爲你在開車嗎，說轉彎就能轉彎，說掉頭就能掉頭？

什麼叫一脈相承？你和孩子的人生路的大致方向已經確定，與其左顧右盼地想著換一條路，不如安安心心地享受當下的風景。

那底層的人就全無出頭之日了嗎？有，但不是人人都有。人們說知足常樂，只要放下執念，就能與自己和解。不要覺得和別人比吃比穿是攀比，其實，拿孩子的成績和其他孩子的成績比也是一種攀比。人與人之間只要開始比較，那就好受不了，談戀愛時比晒在朋友圈的禮物，結婚時比聘金，結婚後比房子、轎車，比孩子的學習成績和工作……這一切都是在給自己找不痛快。

做一個內心富足的人，不要在這物慾橫流的世界裡驚慌失措，還拉著孩子一起浮沉。

一些父母讓孩子讀書的終極目的只是賺錢，可是，「財」是命裡有時終須有、命裡無時強求不來的東西。

大部分人要嘛迷信努力就能成功，要嘛迷信不努力就能成功。

我奉勸大家早點看清自己，只有這樣才能早日選擇一條適合自己的道路，既能少走彎路，又能少花冤枉錢。

不過我不是鼓勵大家不學無術、不思進取，而是不要過度焦慮、給自己和孩子「打雞血」。對於孩子而言，道德素質、身心健康一定比學習成績重要，幫助孩子選擇一條他喜歡的路，絕對比逼迫他跟一大幫人競爭那少得可憐的名額更容易成功。

了。

幹一件喜歡、擅長的事情的效率，比幹一件不喜歡、不擅長的事情的效率高多

有人或許會反駁我：「孩子有畫畫的天賦，可是藝術這條路比普通的學習路更難走，難道也要鼓勵孩子嗎？」

孩子喜歡畫畫，未必要成爲名家，而是可以從事繪畫相關的工作。二十年前，你或許想不出幾個跟繪畫相關的職業，可時代在迅速發展，我們很難預知未來，現在已經湧現出了諸如設計師、插畫師等諸多需要繪畫技能的新職業。

做人也好，做家長也好，只需要堅定地站在適合自己的路上不斷努力，不需要「雞血」，更不需要迎合、攀比。成功了自然很好，沒成功也不枉此生，至少做過自己喜歡的事，沒有傷天害理，俯仰無愧於心。

・人生要少年得志還是大器晚成

有句話說：「少年登科，大不幸也。」我有位至親曾少年得志，在她人生最輝煌的時候，在市內有名的體育館裡舉行了一場盛宴，邀請了很多明星前來參加。

那時還是個小學生的我坐在台下，看著她站在舞台中央，穿著一身白色西裝，身姿頎長，意氣風發，身上散發著比那些明星也不遑多讓的光芒，那是屬於她的「高光時刻」。

因爲她，小小的我有幸給明星獻花，有幸幫等在體育館外的粉絲到休息室要簽名……

年紀輕輕的時候，她就達到了常人一輩子也難以企及的高度，這既是她最大的幸運，也是她最大的不幸。

大起之後就是大落，後來她做生意失敗，官司纏身。曾經家族的驕傲消失在親人的視野中，漸漸地成了不可提及的敏感人物。

後來她好不容易還清了債務，日子重歸正軌，可是從前那種眾星捧月的日子太美好了，讓人難以忘懷，她還想重新感受一次。

她決定征戰商場，再創輝煌。

正所謂人生不如意事十之八九，人活一輩子，不如意是常態，一生能有一次得命運垂青已實屬不易，又怎麼可能一路花開不敗呢？

何況初出茅廬的時候雖然沒有經驗，但尚且跟得上時代的浪潮，轉眼十幾年過去，無數產業已發生了翻天覆地的改變，再按照以前的思路做生意，不虧死才怪。

越虧越不甘心，她抵押了房子又去借錢，從銀行貸款到高利貸，從穩妥的到高風險的，從自己的資產到別人的資產，親戚們的錢能借的幾乎都借了。

最後，卻落得個分文不剩、血本無歸。

不甘心是會毀掉一個人的。

做生意賠本不甘心，找的對象條件不好不甘心，結婚吵架先低頭不甘心……

不要有這麼多的不甘心，當你和命運開始較勁的時候，你就已經落入它的圈套了。

從春風得意馬蹄疾，到人到中年的無盡孤獨，只是因爲甜頭嘗得太早，總認爲自己的成功是因爲天賦異稟、與眾不同，卻從來不肯承認，命運只是一時垂憐了你。

・後記　一路走來，始終感恩

生活對誰都沒有高抬貴手過，每個人都有各自的煩惱，雖然總覺得自己正義凜然，但好像全天下只有自己過得不好，從未被上天眷顧過，於是憑著這份委屈自恃有理，當成利器，最終結果只能是傷人傷己。

萬幸，還有許許多多的人活在陽光之下。每天看著大家對我的評價，誇獎我「三觀」極正，簡直是「人間清醒」，我真是受寵若驚又愧不敢當。

所以我特別希望大家能有自己的想法，我只是被拋磚引玉的那一塊小磚頭，承蒙厚愛，不勝感激。

但眞正的渾金璞玉，一定是懂得思考的你。

當然了，如果犯錯了也不能求人多多包涵，畢竟已經享受過鮮花和掌聲，就不能在犯錯的時候又祈求寬容。

其實就是一句話——感恩、感恩再感恩。我也在時刻提醒自己，無論何時，不要放出「籠子裡的怪獸」，更不要淪爲那樣的怪獸，成爲自己最討厭的那種人。

我的夢想一直是寫小說、當網路寫手，所以我從來沒想過自己會成爲一個博主，更沒想過有一天會因爲做影片得到出書的機會。

其實，我在所有影片裡說的話，也都是說給我自己聽的，吐槽的時候是爲了發洩情緒，講道理的時候是爲了捋清自己的思路。

我一直堅信，人需要發洩情緒的出口，也許有人沉默寡言但內心強大，可以自己排解各種各樣的情緒，或者有很好的排遣方式，比如運動、購物或者大吃一頓、大哭一場。

除了買包之外，對於我來說最能解壓的方法就是跟人傾訴。

可是我前面也說了，隨著年齡的增長，朋友是不可能時刻陪伴的，好在網路給了我這樣的人一條康莊大道。

大家覺得聽我吐槽很搞笑，你在抒發了情緒的同時，還給予了我一份不小的成就感，覺得神奇的同時，我也很高興自己有價值。

而我也常常陷入對婚姻、對生活、對人生的迷茫之中，我的觀點都曾經是引領我走出困境的一線光明，如果能幫到你，就說明那些黑暗的日子也有價值。

View 142

別在該動腦子的時候動感情：看清親密關係的底層邏輯

作　者—楊珈珈
主　編—李國祥
企　畫—吳美瑤
董事長—趙政岷
出版者—時報文化出版企業股份有限公司
一〇八〇一九臺北市和平西路三段二四〇號三樓
發行專線—（〇二）二三〇六—六八四二
讀者服務專線—〇八〇〇—二三一—七〇五
（〇二）二三〇四—七一〇三
讀者服務傳真—（〇二）二三〇四—六八五八
郵撥—一九三四四七二四時報文化出版公司
信箱—一〇八九九臺北華江橋郵局九九信箱
時報悅讀網—http://www.readingtimes.com.tw
電子郵箱—genre@readingtimes.com.tw
法律顧問—理律法律事務所　陳長文律師、李念祖律師
印　刷—家佑印刷有限公司
初版一刷—二〇二四年五月三十一日
定價—新臺幣三八〇元

時報文化出版公司成立於一九七五年，
並於一九九九年股票上櫃公開發行，於二〇〇八年脫離中時集團非屬旺中，
以「尊重智慧與創意的文化事業」為信念。

別在該動腦子的時候動感情 / 楊珈珈著. -- 初版. -- 臺北市：時報文化出版企業股份有限公司, 2024.05

面；　公分. -- (View；142)

ISBN 978-626-396-303-0(平裝)

1.CST: 兩性關係 2.CST: 戀愛 3.CST: 婚姻

544.7　　113006878

ISBN 978-626-396-303-0
Printed in Taiwan